今日をスムーズに、

今日、私たちが全力で取り組んでいるのは、物流で

それは、「物流というインフラ」を安全に、ゆるぎなく

JN104190

そして、総合物流ソリューションの力で新しい価値を創造し、今よりもスマートな明日をつくりたい。

人と人がつながり、笑顔で結ばれていく未来のために、「SGホールディングスグループ」は、事業を通じて社会に貢献しつづけます。

明日をスマートに。

SUSTAINABLE
DEVELOPMENT G☒ALS

私たちと特に関連が深いSDGs項目

私たちは持続可能な開発目標(SDGs)を支援しています

SGホールディングス株式会社	佐川グローバルロジスティクス株式会社	SGモータース株式会社
佐川急便株式会社	SGHグローバル・ジャパン株式会社	SGシステム株式会社
佐川ヒューモニー株式会社	SGリアルティ株式会社	SGフィルダー株式会社
SGムービング株式会社	SGアセットマックス株式会社	株式会社ヌーヴェルゴルフ倶楽部
株式会社ワールドサプライ	佐川アドバンス株式会社	佐川林業株式会社

 SGホールディングスグループ

http://www.sg-hldgs.co.jp/

ひとっぷろアヒル？

Ahiru taichou

©PILOT INK&アヒル隊長プロジェクト

20th Anniversary

アヒル隊長の情報はコチラ！
http://www.ahirutaicho-series.com

ブクブクちゃん　　アヒル隊長　　プカプカちゃん

次世代へつなぐアヒル隊長

環境省アンバサダー

つなげよう、
支えよう
森里川海

日本の豊かな自然を次世代に
つないでいくプロジェクトの
PR活動に参加しています。

家族をつなぐアヒル隊長

霧島温泉大使 アヒル隊長

「浴育」をテーマとした
家族が温泉を楽しみ
ながら絆を深める場
としてお風呂の魅力を
発信中です。

アヒル隊長の歴史

1993年	2001年	2011年	2014年4月	2015年10月	2016年	2021
バストイ 水ふきアヒル発売	アヒル隊長へ ネーミング変更	ライセンス活動 開始	霧島温泉大使 任命	環境省プロジェクト アンバサダー任命	発売15周年	発売20周

キャラクターお問い合わせ先

株式会社読売広告社
次世代モノづくり研究所 キャラクターMD部

TEL : 03-5544-7220　FAX : 03-5544-7640
Email : shohinka@yomiko.co.jp
URL : https : //www.yomiko.co.jp/business/monoken/

商品お問い合わせ先

パイロットインキ株式会社
玩具事業部販売企画グループ

TEL : 03-3844-3275　FAX : 03-3844-3052
URL : https : //www.pilot-toy.com/

PILOT

アジア航測株式会社
ASIA AIR SURVEY CO., LTD.

技術力を結集した高度なコンサルティングで、地球環境と安全・安心な社会に貢献する

空間情報コンサルタント

◆事業内容

測	Survey	航空写真・航空レーザ計測・リモートセンシング・車載型レーザ計測・応用計測
創	Mapping/GIS	マッピング・3D・行政支援GIS・システム開発・システム販売・データ販売
診	Consulting	【防災】砂防・火山防災・斜面防災・河川防災・都市防災・防災教育・防災システム 【環境】森林資源管理・土壌汚染調査・生物多様性保全・環境アセスメント 【社会基盤】社会基盤施設計画/設計/保全・再生可能エネルギー

代表取締役社長　小川　紀一朗
新百合本社
〒215-0004　神奈川県川崎市麻生区万福寺1-2-2
新百合トゥエンティワン
TEL : 044-969-7230　FAX : 044-965-2596
https://www.ajiko.co.jp/

株式会社 グリーンエナジー・プロジェクト

業務内容：新電力事業の企画
　　　　　廃プラ・プラントの企画販売
　　　　　再生可能エネルギーのコンサル
基本的なコンセプト：人に優しい環境事業の推進

代表取締役　　大迫　　勝一

東京都千代田区神田小川町3-14　奥村ビル5F
TEL　03-3295-3101　FAX　03-3291-4050
ホームページ　http://www.greenenergy-project.co.jp

表・現・力・最強の
トライアングル

機能力
電子ブック

拡大・縮小、検索、動画や音声など、
紙媒体では不可能だった機能を
駆使した新たな表現力

私たちが
最適な選択と
組み合わせを
ご提案します

即応力
オンデマンド印刷

頻繁な更新や個別印刷、
短納期など
即応性に優れた表現力

伝統力
オフセット印刷

見やすい文字と
精緻な写真
伝統に培われた表現力

 株式会社 太平印刷社　総合印刷

〒140-0002 東京都品川区東品川1-6-16
TEL 03-3474-2821　FAX 03-3474-8580
URL http://www.p-taihei.co.jp/

時評社の官庁名鑑シリーズ

経済産業省名鑑

4,300円+税　サイズ／B6版変型

名鑑シリーズ

農林水産省 …4,300円+税	**国土交通省** …5,500円+税
財 務 省 …4,300円+税	**文部科学省** …5,000円+税
厚生労働省 …5,000円+税	**総 務 省** …3,300円+税
環 境 省 …3,300円+税	**復 興 庁** …3,500円+税

幹部職員の全経歴が一目でわかる

幹部職員の入省以来の経歴、出身地、生年月日、
出身校、顔写真、趣味、主要著書・論文、血液型な
どパーソナル情報を掲載。

主な特長
◇携帯便利なB6変型サイズ
◇官職の英語表記
◇見やすい横書き
◇すぐに役立つ付録を満載
◇主要幹部の写真掲載

*予約
受付中!!*

お問合せ　Tel:03-3580-6633　Fax:03-3580-6634
時評社　詳細はホームページ → https://www.jihyo.co.jp

新築住宅には上位グレードの「エコガラス S」がおすすめ！

家族の笑顔をふやす

🄴 エコガラス

「窓ガラス」で実現する、夏も冬も快適＆健康的なお家。

- 室温の差を抑え ヒートショック予防
- 窓の結露を軽減
- 室内での熱中症対策
- エアコン控えめで真夏でも快適

- UVカット効果
- 夏は涼しく、冬は暖かい
- 夕方の西日をカット

窓ガラスの エコリフォームにもおすすめ！

エコガラスって、何？

一見、普通の複層ガラスと同じように見えますが、ポイントは中空層側のガラス表面に施された特殊な金属膜「Low-E膜」。この金属膜が優れた断熱性能と遮熱性能を発揮し、一年中窓辺を健康＆快適な温度に保ってくれます。

■断面図

Low-E膜
乾燥中空層
ガラス
スペーサー
封着材
乾燥材

どれくらい、断熱効果があるの？

エコガラスは一枚ガラスと比べて、約3.5倍の断熱性能を発揮し、室内の暖かさを室外に逃がしません。窓まわりの冷え込みを解消するだけではなく、結露の発生を抑え足元の冷え込みも和らげてくれます。

■エコガラスの断熱性能

一枚ガラス　5.9 W/(㎡·K)
🄴エコガラス　1.7 W/(㎡·K)

室外に逃げる熱は約1/3に！

どれくらい、遮熱効果があるの？

一般的な一枚ガラスが日射熱を86％通すのに対し、エコガラスならわずか41％しか通しません。一枚ガラスに比べると約2倍の遮熱効果、夏もエアコン控えめで健康＆快適に過ごせます。さらにUVカット効果もあります。

■エコガラスの日射量

一枚ガラス　約14%カット
🄴エコガラス　約59%カット

日差しの暑さを約1/2に！

※文章中の数値は代表値であり、性能を保証するものではありません。

板硝子協会

新築やリフォームを考えるなら
エコガラス 検索 www.ecoglass.jp

108-0074 東京都港区高輪1-3-13 NBF高輪ビル4F　TEL.03-6450-3926　www.itakyo.or.jp

右記QRコードからエコガラスの省エネ性能がわかる動画をご覧になれます。

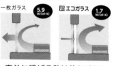

各社パンフレット・資料をまとめて差し上げます。

エコガラス商品の詳細・購入方法については、板硝子協会会員各社へお問い合わせください。

- AGCのエコガラス「ペヤプラス」　　　0570-001-555　［受付時間］9:00～12:00 / 13:00～17:00（土・日・祝日休業）
- 日本板硝子のエコガラス「スペーシア」　0120-498-023　［受付時間］9:00～12:00 / 13:00～17:30（土・日・祝日休業）
- セントラル硝子のエコガラス「窓ンナ」　0120-271-219　［受付時間］9:00～12:00 / 13:00～17:30（土・日・祝日休業）

使用している写真は、コスモ石油エコカード基金がこれまでに支援してきた活動、プロジェクト名です。

（写真キャプション）
- キリバス／南太平洋諸国支援
- 日本／C.W.ニコル アファンの森と東松島の森づくり
- 日本／ゴルフ場跡地を森に戻そう 富良野種まき塾
- 日本／海を守るために木を植える 森は海の恋人
- 日本／世界遺産 富士山の森を守り再生させよう
- 日本／馬と守る 都留の里山保全
- 日本／九十九里浜の海岸林を元の姿に戻そう
- パプアニューギニア／熱帯雨林保全
- ツバル／南太平洋諸国支援
- ソロモン／熱帯雨林保全
- ネパール／野口 健とヒマラヤに森をつくろう

コスモエコカードは、

ガソリン代が節約できる、だけのカードではありません。

それは、エコ活動への小さな入り口です。

コスモ石油がずっとつづけてきた、さまざまな環境活動に、

年500円の寄付金で、参加することができます。

未来が笑顔でありますように。地球が笑顔でありますように。

あなたのエコの、
はじめの一歩。
コスモエコカード。

2021年版

環境省名鑑

時評社

官庁名鑑 WEB サービス　無料トライアルについての
詳細は、目次最終ページ（IX）をご覧ください。

目　次

施設等機関

地方環境事務所

国立研究開発法人

資料

───── 凡　　例 ─────

1. 本名鑑の内容は、令和2年10月30日現在のものです。

1. 本名鑑には、環境省本省、原子力規制庁、施設機関、地方機関、独立行政法人の主要幹部職員を登載し、その職名（英文表示入り）、生年月日、出身地、出身校、経歴等を調査記載しました。

 なお、個人情報の保護指針につきましては、弊社URLをご参照ください。（URL：https://www.jihyo.co.jp）

1. 編集中の異動は努めて正確に訂正しましたが、印刷中の変動については再版の際、収録しますのでご了承ください。

1. 本名鑑記載の組織名、役職、付録等については編集上・便宜上一部省略されていることをあらかじめご了承ください。

───── 官庁名鑑WEBサービス　無料トライアル ─────

下記のURLから，トライアル用ID，パスワードでご利用になれます。無料期間は2021年1月25日までです。

URL　　　　https://www.jihyo.co.jp/kiss/login.html
I　D　　　　99172
パスワード　otameshi2

●本　　　省

環境事務次官
Vice-Minister of the Environment

中 井 徳太郎 (なかい とくたろう)

昭和60年4月	大蔵省入省（大臣官房調査企画課）
昭和63年7月	大蔵省理財局国債課企画係長
平成2年7月	国税庁豊岡税務署長
平成3年7月	大蔵省銀行局総務課課長補佐
平成4年5月	外務省在エジプト日本国大使館二等書記官
平成6年5月	外務省在連合王国日本国大使館一等書記官
平成8年7月	大蔵省主計局給与課課長補佐
平成9年7月	大蔵省主計局主計官補佐（農林水産第四係主査）
平成10年7月	大蔵省主計局主計官補佐（農林水産第一係主査）
平成11年7月	富山県企画部次長
平成12年4月	富山県理事
平成13年4月	富山県生活環境部長
平成14年7月	財務省大臣官房文書課広報部長
平成15年9月	財務省大臣官房文書課企画調整室長
平成16年7月	国立大学法人東京大学教授医科学研究所附属ヒトゲノム研究センター
平成18年7月	金融庁監督局総務課協同組織金融室長
平成19年7月	人事院事務総局給与局給与第二課長
平成21年7月	財務省理財局計画官（厚生労働・文部科学係、地方企画係、地方指導調整係、地方運用第一係、地方運用第二係、地方運用第三係担当）
平成22年7月	財務省主計局主計官（農林水産第一係、農林水産第二係、農林水産第三係、農林水産第四係担当）
平成23年7月	環境省総合環境政策局総務課（事務取扱：総合環境政策局環境経済課環境教育推進室長）
平成24年8月	環境省大臣官房会計課長
平成25年7月	環境省大臣官房秘書課長
平成26年7月	内閣官房内閣審議官兼環境省大臣官房審議官
平成27年7月	環境省大臣官房審議官
平成28年6月	環境省大臣官房廃棄物・リサイクル対策部長
平成29年7月	環境省総合環境政策統括官（併）環境調査研修所長
令和2年7月	環境事務次官

環境省地球環境審議官
Vice-Minister for Global Environmental
Affairs

近 藤 智 洋（こんどう　ともひろ）

昭和39年7月9日生．愛知県出身．
千葉県立千葉高校，東京大学法学部

昭和62年4月	通商産業省入省（資源エネルギー庁石油部計画課）
平成4年6月	米国ジョンズ・ホプキンス大学高等国際研究大学院（長期出張）
平成14年	経済産業省大臣官房企画課
平成15年5月	外務省出向（在カナダ日本国大使館）
平成18年5月	経済産業省商務情報政策局商務課長（併）監査室長
平成18年9月	内閣官房内閣参事官（内閣総務官室）
平成19年10月	経済産業省産業技術環境局環境政策課地球環境対策室長
平成20年7月	経済産業省産業技術環境局環境政策課環境経済室長
平成21年7月	経済産業省大臣官房参事官（環境経済担当）を併任
平成22年7月	経済産業省製造産業局航空機武器宇宙産業課長
平成24年7月	経済産業省通商政策局欧州課長
平成25年7月	環境省総合環境政策局環境計画課長
平成27年1月	環境省水・大気環境局総務課長（併）総務課ダイオキシン対策室長
平成27年8月	環境省大臣官房総務課長
平成29年7月	環境省大臣官房審議官
令和元年7月	環境省地球環境局長
令和2年7月	環境省地球環境審議官

環境省大臣官房長
Secretary General Minister's Secretariat

正　田　　　寛（しょうだ　ゆたか）

昭和37年10月11日生．広島県出身．
国立広島大学付属高校，東京大学法学部

昭和61年4月	建設省入省（建設経済局宅地開発課）
平成18年4月	国土交通省河川局水政課水利調整室長
平成20年7月	首都高速道路株式会社経営企画部総合調整・法務グループ総括マネージャー
平成21年7月	環境省総合環境政策局環境計画課長
平成22年8月	総合環境政策局環境経済課長
平成24年8月	地球環境局総務課長
平成26年7月	環境省大臣官房会計課長
平成28年6月	環境省大臣官房審議官
平成30年7月	環境省自然環境局長
令和元年7月	環境省大臣官房長

環境省大臣官房政策立案総括審議官（併）公文書監理官
Deputy Director-General for Environmental
Policy and Chief Record Officer, Minister's
secretariat

上 田 康 治（うえだ　やすはる）

昭和40年 4 月生．広島県出身．
修道高校，東京大学

平成元年	環境庁入庁
平成 4 年	環境庁企画調整局環境保全活動推進室環境教育係長
平成 6 年	環境庁長官官房総務課企画係長
平成 8 年	環境庁環境保健部環境安全課課長補佐
平成 9 年	外務省在米国日本大使館書記官
平成12年	環境庁長官官房総務課国会連絡調整官
平成13年	環境省総合環境政策局環境計画課課長補佐
平成14年 7 月	環境省自然環境局総務課課長補佐
平成15年 8 月	環境省廃棄物・リサイクル対策部企画課課長補佐
平成16年 7 月	環境省総合環境政策局総務課課長補佐
平成19年 7 月	環境省大臣官房総務課課長補佐
平成19年 8 月	環境大臣秘書官
平成20年 8 月	環境省廃棄物・リサイクル対策部リサイクル推進室長
平成22年 8 月	環境省地球環境局地球温暖化対策課市場メカニズム室長
平成24年 7 月	環境省環境保健部環境安全課長
平成25年 7 月	環境省総合環境政策局総務課長
平成28年 7 月	環境省自然環境局総務課長
平成29年 7 月	環境省大臣官房秘書課長
平成30年 7 月	環境省大臣官房審議官
令和 2 年 7 月	環境省大臣官房政策立案総括審議官（併）公文書監理官

趣味　読書，囲碁
学生時代の所属部　合気道部

環境省大臣官房審議官
Councillor, Minister's Secretariat

白 石 隆 夫 (しらいし　たかお)

昭和42年 4 月12日生.
早稲田大学政治経済学部

平成 2 年 4 月	大蔵省入省(銀行局総務課)
平成 8 年 7 月	国税庁調査査察部査察課課長補佐
平成10年 7 月	内閣事務官(内閣官房内閣内政審議室)
平成12年 7 月	大蔵省主計局主計企画官補佐(調整第一、三係主査)
平成13年 7 月	財務省主計局総務課補佐
平成14年 7 月	財務省主計局主計官補佐(内閣第一係主査)
平成16年 7 月	財務省大臣官房付(兼 内閣官房郵政民営化準備室室員)
平成17年 8 月	財務省主計局主計官補佐(総務・地方財政第一係主査)
平成18年 7 月	外務省経済開発協力機構日本政府代表部一等書記官
平成19年 1 月	外務省経済開発協力機構日本政府代表部参事官
平成21年 7 月	財務省主税局税制第一課主税企画官 兼 主税局税制第二課
平成22年 7 月	財務省大臣官房企画官 兼 主税局総務課
平成23年 7 月	財務省主税局総務課主税企画官 兼 主税局調査課
平成24年 8 月	財務省大臣官房付(兼 内閣官房内閣参事官(内閣総務官室)兼 内閣官房国家戦略室室員)
平成24年12月	財務省大臣官房付(兼 内閣官房内閣参事官(内閣官房副長官補付)兼 内閣官房日本経済再生総合事務局参事官)
平成26年 7 月	財務省主計局主計官(内閣、復興、外務、経済協力係担当)
平成27年 7 月	復興庁統括官付参事官
平成28年 6 月	環境省総合環境政策局総務課長
平成29年 7 月	環境省大臣官房総務課長
令和元年 7 月	環境省大臣官房審議官

環境省大臣官房審議官
Councillor, Minister's Secretariat

瀬 川 恵 子 （せがわ　けいこ）

昭和40年8月13日生．愛知県出身．
名古屋市立菊里高校，東京工業大学工学部社会工学科

平成元年4月	環境庁入庁
平成13年	環境省環境管理局水環境部企画課課長補佐
平成15年	環境省環境管理局水環境部水環境管理課課長補佐
平成16年	環境省地球環境局環境保全対策課課長補佐
平成19年	環境省総合環境政策局環境保健部環境安全課課長補佐
平成21年7月	環境省大臣官房政策評価広報課広報室長
平成23年8月	環境省総合環境政策局環境保健部企画課化学物質審査室長
平成25年7月	環境省総合環境政策局環境影響評価課環境影響審査室長
平成26年7月	環境省地球環境局国際連携課長
平成28年6月	環境省大臣官房廃棄物・リサイクル対策部廃棄物対策課長
平成29年7月	環境省環境再生・資源循環局廃棄物適正処理推進課長
	（併）災害廃棄物対策室長
平成30年7月	環境省大臣官房環境保健部環境安全課長
令和元年7月	環境省大臣官房審議官

主要著書・論文　「都市デザインにおけるオブジェの意義に関する基礎的
研究」（旧姓　柴田）

環境省大臣官房審議官 兼 環境調査研修所国立水俣病総合研究センター所長
Councillor, Minister's Secretariat/Director General

森　光　敬　子（もりみつ　けいこ）

昭和43年 2 月 7 日生．福岡県出身．
佐賀医科大学医学部

平成 4 年	厚生省入省
平成25年 4 月	国立感染症研究所企画調整主幹
平成26年 6 月	独立行政法人日本医療研究開発機構担当室企画官
平成27年 4 月	国立研究開発法人日本医療研究開発機構戦略推進部次長
平成28年 6 月	厚生労働省医政局研究開発振興課長（再生医療等研究推進室長 併任）
平成30年 7 月	厚生労働省保険局医療課長
令和 2 年 8 月	環境省大臣官房審議官 兼 環境調査研修所国立水俣病総合研究センター所長

環境省大臣官房審議官
Councillor, Minister's Secretariat

大 森 恵 子（おおもり　けいこ）

昭和42年 8 月 8 日生．滋賀県出身．
滋賀県立膳所高校，京都大学経済学部経済学科

平成 2 年 4 月	環境庁入庁（大気保全局企画課）
平成 4 年 4 月	環境庁企画調整局環境保健部特殊疾病対策室
平成 6 年 4 月	環境庁企画調整局地球環境部環境保全対策課主査
平成 8 年 6 月	環境庁大臣官房総務課係長
平成10年 4 月	環境庁企画調整局環境影響評価課課長補佐
平成11年 1 月	人事院短期留学（オランダエネルギー保全・環境技術研究所）
平成11年 7 月	環境庁企画調整局調査企画室室長補佐
平成12年 6 月	環境庁企画調整局地球環境部環境保全対策課課長補佐
平成13年 1 月	経済産業省資源エネルギー庁省エネルギー・新エネルギー部政策課課長補佐
平成15年 6 月	環境省水環境部企画課課長補佐
平成16年 7 月	環境省地球環境局総務課課長補佐
平成18年10月	環境省大臣官房政策評価広報課課長補佐
平成20年 8 月	環境省大臣官房廃棄物・リサイクル対策部企画課循環型社会推進室長
平成23年 8 月	京都大学経済研究所附属先端政策分析研究センター教授
平成26年 8 月	環境省総合環境政策局環境影響評価課長
平成28年 7 月	環境省総合環境政策局環境保健部環境保健企画管理課長
平成29年 7 月	環境省大臣官房会計課長
平成30年 7 月	環境省大臣官房秘書課長
令和 2 年 7 月	環境省大臣官房審議官

主要著書・論文　『グリーン融資の経済学—消費者向け省エネ機器・設備支援策の効果分析』（昭和堂）

環境省大臣官房審議官
Councillor, Minister's Secretariat

土　居　健太郎 （どい　けんたろう）

平成 2 年 4 月	厚生省入省
平成20年 8 月	環境省大臣官房廃棄物・リサイクル対策部産業廃棄物課課長補佐
平成21年 7 月	環境省水・大気環境局大気環境課大気環境生活室長
平成22年10月	環境省地球環境局総務課低炭素社会推進室長
平成26年 7 月	環境省地球環境局地球温暖化対策課長
平成27年10月	環境省東北地方環境事務所福島環境再生事務所長
平成29年 7 月	環境省福島地方環境事務所長
平成30年 4 月	環境省環境再生・資源循環局総務課長
令和 2 年 7 月	環境省大臣官房審議官

環境省大臣官房サイバーセキュリティ・情報化審議官

松 本 啓 朗 （まつもと　ひろあき）

東京大学法学部,
ケンブリッジ大学院土地経済学部

平成 2 年	建設省入省
平成20年 4 月	国土交通省土地・水資源局公共用地室長
平成21年 4 月	兵庫県県土整備部まちづくり局長
平成22年11月	兵庫県県土整備部住宅建築局長
平成24年 4 月	兵庫県まちづくり部長
平成25年 4 月	復興庁統括官付参事官（原子力災害復興班）
平成28年 7 月	環境省総合環境政策局環境計画課長
平成29年 7 月	環境省大臣官房総合政策課長
平成30年 7 月	環境省大臣官房会計課長
令和元年 7 月	環境省大臣官房総務課長
令和 2 年 7 月	環境省大臣官房サイバーセキュリティ・情報化審議官

環境省大臣官房秘書課長

角 倉 一 郎（すみくら　いちろう）

石川県出身．
金沢大学付属高校，東京大学法学部，Imperial College London（Ph.D.
Candidate），政策研究大学院大学（博士（政治・政策研究））

平成 3 年 4 月	環境庁入庁
平成24年 7 月	環境省地球環境局地球温暖化対策課市場メカニズム室長
平成24年 9 月	内閣官房副長官補付内閣参事官兼原子力規制組織等改革推進室参事官
平成26年 9 月	環境省大臣官房廃棄物・リサイクル対策部産業廃棄物課長
平成28年 6 月	環境省地球環境局総務課長
平成30年 7 月	環境省大臣官房総合政策課長
令和元年 7 月	環境省大臣官房会計課長
令和 2 年 7 月	環境省大臣官房秘書課長

主要著書・論文　『ポスト京都議定書を巡る多国間交渉：規範的アイデア
の衝突と調整の政治力学』法律文化社、2015年．
資格　TOEIC 990点，英検 1 級

環境省大臣官房秘書課調査官
Senior Policy Coordinator of the Personnel Division

渡　辺　隆　彦 （わたなべ　たかひこ）

平成28年7月　環境省大臣官房会計課監査指導室長
平成28年7月　環境省大臣官房会計課課長補佐
平成30年4月　環境省大臣官房秘書課地方環境室長
令和元年7月　環境省大臣官房秘書課調査官

環境省大臣官房秘書課地方環境室長

佐 藤 邦 雄 (さとう くにお)

昭和38年6月9日生.埼玉県出身.
埼玉県立川口北高等学校

昭和57年4月	環境庁入庁
平成29年4月	環境省大臣官房秘書課長補佐
令和元年7月	環境省大臣官房秘書課地方環境室長

環境省大臣官房総務課長
Director of the General Affairs Division

秦　　　康　之（はた　やすゆき）

京都大学工学部衛生工学科

平成 2 年 4 月	厚生省入省（生活衛生局環境整備課産業廃棄物対策室）
平成19年 7 月	環境省大臣官房廃棄物・リサイクル対策部廃棄物対策課課長補佐
平成21年 7 月	環境省総合環境政策局総務課環境研究技術室長
平成22年11月	岐阜県環境生活部次長（環境担当）
平成24年 4 月	岐阜県環境生活部長
平成26年 4 月	環境省地球環境局国際連携課国際地球温暖化対策室長
平成26年 7 月	環境省水・大気環境局放射性物質汚染対策担当参事官
平成27年 7 月	環境省水・大気環境局放射性物質汚染対策担当参事官（充）土壌環境課長
平成27年10月	内閣官房参事官
平成29年 7 月	環境省大臣官房環境計画課長
平成30年 7 月	環境省地球環境局総務課長
令和 2 年 7 月	環境省大臣官房総務課長

環境省大臣官房総務課広報室長
Director, Public Relations Office

近　藤　亮　太 (こんどう　りょうた)

昭和50年 8 月13日生．埼玉県富士見市出身．A型
駒場東邦，東京大学，
シラキュース大学マックスウェル校，ニューヨーク州立大学森林・環境
科学学部

平成28年　　　　原子力規制庁長官官房総務課企画官
平成29年 7 月　環境省大臣官房総合政策課長補佐
平成30年 7 月　警察庁生活安全企画課都市防犯対策官
令和 2 年 7 月　環境省大臣官房総務課広報室長

環境省大臣官房総務課公文書監理室長

増 田 直 文 （ますだ　なおふみ）

環境省大臣官房総務課国会連絡室長

松 本 行 央 （まつもと　ゆきお）

昭和50年10月20日生．神奈川県出身．A型
神奈川県立瀬谷西高等学校,

平成 6 年 4 月	環境庁入庁
平成30年 4 月	環境省環境再生・資源循環局廃棄物規制課
令和 2 年 9 月	環境省大臣官房総務課国会連絡室長

環境省大臣官房総務課環境情報室長
Director of Environmental Information Office

杉　井　威　夫 (すぎい　たけお)
静岡県出身.

平成12年4月　環境庁入庁
令和2年8月　環境省大臣官房総務課環境情報室長

環境省大臣官房総務課危機管理室長

久　保　善　哉（くぼ　よしや）

環境省大臣官房会計課長
Director of the Budget and Accounts Division

大　熊　一　寛 （おおくま　かずひろ）

平成23年 4 月　環境省総合環境政策局総務課企画官
平成24年 8 月　環境省総合環境政策局環境経済課長
平成29年 7 月　原子力規制庁長官官房総務課長
令和元年 7 月　原子力規制庁長官官房放射線防護企画課長
令和 2 年 7 月　環境省大臣官房会計課長

環境省大臣官房会計課監査指導室長
Director of Audit Office

黒　川　ひとみ（くろかわ　ひとみ）
昭和39年12月10日生．宮崎県出身．O型
鶴丸高等学校，お茶の水女子大学

昭和62年4月　厚生省入省
令和2年4月　環境省大臣官房会計課監査指導室長

環境省大臣官房会計課庁舎管理室長

齋 藤 真 知 (さいとう　まさのり)

昭和42年7月2日生. 福島県出身. B型
福島東高等学校, 國學院大学

平成3年4月　環境省入省
平成31年4月　環境省大臣官房会計課庁舎管理室長

環境省大臣官房会計課企画官

橋　本　洋　逸（はしもと　よういつ）

昭和63年4月　総理府入府
令和2年4月　環境省大臣官房会計課企画官

環境省大臣官房環境保健部長

田 原 克 志（たはら　かつし）

昭和39年1月24日生．山口県出身．A型
山口県立下関西高校，九州大学医学部

平成元年4月	厚生省入省
平成元年4月	福岡県衛生部、保健所
平成3年7月	厚生省保険局医療課
平成6年9月	厚生省薬務局医療機器開発課
平成7年10月	厚生省薬務局経済課
平成9年4月	広島県福祉保健部健康対策課長
平成12年4月	防衛庁人事教育局衛生課
平成13年10月	厚生労働省大臣官房総務課広報室
平成14年8月	厚生労働省医政局医事課
平成16年4月	厚生労働省医政局総務課保健医療技術調整官
平成17年8月	厚生労働省医政局総務課医療安全推進室長
平成18年8月	岡山県保健福祉部長
平成20年7月	厚生労働省医政局医事課医師臨床研修推進室長
平成23年7月	厚生労働省医政局医事課長
平成25年7月	厚生労働省健康局疾病対策課長
平成27年10月	厚生労働省社会・援護局障害保健福祉部精神・障害保健課長
平成29年7月	防衛省大臣官房衛生監
令和元年7月	環境省大臣官房環境保健部長

環境省大臣官房環境保健部環境保健企画管理課長

田 中 良 典 (たなか　よしのり)

昭和44年6月28日生．福岡県出身．
久留米大学附設高校，東京大学経済学部

平成 5 年 4 月	環境庁入庁（大気保全局企画課）
平成 7 年 5 月	環境庁企画調整局環境計画課
平成 9 年 7 月	環境庁企画調整局環境保健部保健企画課企画法令係長
平成11年 7 月	通商産業省資源エネルギー庁長官官房総務課海洋開発室総括班長
平成13年 5 月	環境副大臣秘書官事務取扱
平成14年 5 月	環境省地球環境局地球温暖化対策課課長補佐
平成17年 9 月	環境省総合環境政策局環境保健部企画課課長補佐
平成19年 8 月	外務省欧州連合代表部一等書記官
平成23年 6 月	内閣官房企画官（国家戦略室）
平成24年12月	内閣官房企画官（内閣官房副長官補付）
平成25年 7 月	内閣官房内閣参事官（内閣官房副長官補付）
平成26年 9 月	環境省大臣官房政策評価広報課広報室長
平成27年 7 月	環境省大臣官房廃棄物・リサイクル対策部企画課リサイクル推進室長（充）循環型社会推進室長
平成29年 8 月	環境省自然環境局国立公園課長
平成30年 7 月	内閣府政策統括官（原子力防災担当）付参事官（総合調整・訓練担当）
令和 2 年 7 月	環境省大臣官房環境保健部環境保健企画管理課長

環境省大臣官房環境保健部環境保健企画管理課保健業務室長
Director of Environmental Health Affairs Office

黒 羽 真 吾 （くろばね　しんご）

平成31年4月　厚生労働省大臣官房厚生科学課研究企画官
令和2年8月　環境省大臣官房環境保健部環境保健企画管理課保健業務
　　　　　　　室長

環境省大臣官房環境保健部環境保健企画管理課特殊疾病対策室長
Director of Special Environmental Diseases office

松　岡　輝　昌 （まつおか　てるまさ）

平成30年4月	厚生労働省医政局地域医療計画課医師確保等地域医療対策室長（在宅医療推進室長、精神科医療等対策室長　併任）
令和元年10月	環境省大臣官房環境保健部環境保健企画管理課特殊疾病対策室長

環境省大臣官房環境保健部環境保健企画管理課石綿健康被害対策室長
Director of Office for Health Hazards caused by Asbest

吉　住　奈緒子（よしずみ　なおこ）

昭和54年 1 月13日生．兵庫県出身．
大阪大学医学部

平成18年 4 月	厚生労働省入省
令和 2 年 8 月	環境省大臣官房環境保健部環境保健企画管理課石綿健康 被害対策室長

環境省大臣官房環境保健部環境保健企画管理課化学物質審査室長
Director, Chemicals Evaluation Office

柳　田　貴　広（やなぎた　たかひろ）
富山県出身.
富山中部高校，東京大学

平成 9 年 4 月	厚生省入省
平成21年 7 月	環境省総合環境政策局環境保健部石綿健康被害対策室室長補佐
平成23年 7 月	環境省水・大気環境局地下水・地盤環境室室長補佐
平成25年 4 月	環境省水・大気環境局土壌環境課課長補佐（兼 除染チーム）
平成26年 7 月	環境省水・大気環境局水環境課課長補佐
平成28年 8 月	国土交通省自動車局環境政策課地球温暖化対策室長
平成30年 7 月	環境省地球環境局総務課調査官
平成30年 7 月	厚生労働省医薬・生活衛生局水道課水道水質管理官（水道水質管理室長 併任）
令和元年 7 月	環境省大臣官房環境保健部環境保健企画管理課化学物質審査室長

環境省大臣官房環境保健部環境保健企画管理課公害補償審査室長
Director of Office for the Appeals Committee on Environmental
Health Damage Compensation

手　塚　英　明（てづか　ひであき）

昭和38年 2 月 3 日生．東京都出身．
法政大学文学部

昭和60年 4 月　環境庁入庁
令和 2 年 4 月　環境省大臣官房環境保健部環境保健企画管理課公害補償
　　　　　　　審査室長

環境省大臣官房環境保健部環境保健企画管理課水銀対策推進室長

須　田　恵理子 (すだ　えりこ)

令和元年5月　環境省大臣官房環境保健部環境保健企画管理課水銀対策
　　　　　　　推進室長

環境省大臣官房環境保健部環境保健企画管理課環境リスク情報分析官
Senior Coordinator (Environmental Risk Assessment), Environmental
Health Department, Ministry of the Environment

山　﨑　邦　彦 （やまざき　くにひこ）

昭和36年生.
東京大学理学部化学科　東京大学工学部都市工学科研究生,
東京大学大学院理学系研究科化学専門課程

昭和63年4月	環境庁入庁
平成4年4月	通商産業省工業技術院ムーンライト計画推進室（5年6月〜　ニューサンシャイン計画推進本部）
平成6年4月	環境庁国立環境研究所地球環境研究センター
平成7年7月	環境庁国立環境研究所研究企画官
平成9年4月	環境庁大気保全局大気生活環境室室長補佐
平成11年7月	人事院短期在外研究員（Carnegie Mellon University）
平成12年8月	環境庁環境保健部環境リスク評価室室長補佐
平成15年10月	独立行政法人国立環境研究所化学物質環境リスク研究センター研究調整官
平成18年4月	独立行政法人国立環境研究所環境リスク研究センター研究調整主幹
平成20年7月	環境省地球環境局総務課地球環境情報分析官（環境保健部併任）
平成20年8月	環境省総合環境政策局環境保健部企画課環境リスク情報分析官
平成28年3月	併任：環境省水・大気環境局総務課
平成28年4月	環境省総合環境政策局環境保健部環境保健企画管理課環境リスク情報分析官
平成29年7月	環境省大臣官房環境保健部環境保健企画管理課環境リスク情報分析官

主要著書　『地球環境テキストブック　環境科学』第11章「環境汚染に対する行政上の対応」（吉原利一編、オーム社）、『化学物質の生態リスク評価と規制－農薬編－』第7章－4「農薬の環境リスク初期評価」（日本環境毒性学会監修、アイピーシー出版部）、『生態影響試験ハンドブック－化学物質の環境リスク評価』第6章－3「生態リスク評価の方法」（日本環境毒性学会編、朝倉書店）

環境省大臣官房環境保健部環境安全課長
Director, Environmental Health and Safety Division, Environmental
Health Department, Ministry of the Environment

太　田　志津子（おおた　しづこ）

北海道出身.
北海道立札幌北高等学校，東京大学理学部生物化学科，
東京大学大学院理学系研究科生物化学専攻

平成 3 年 4 月	環境庁入庁
平成 3 年 4 月	環境庁環境保健部保健業務課保健調査室
平成 5 年 4 月	環境庁大気保全局企画課
平成 6 年 4 月	環境庁大気保全局企画課交通公害対策室主査
平成 6 年 7 月	環境庁大気保全局自動車環境対策第一課主査
平成 7 年 7 月	科学技術庁原子力局技術振興課放射線利用推進室企画係長
平成 8 年 5 月	科学技術庁原子力研究技術課助成係長
平成 9 年 7 月	環境庁環境保健部環境安全課化学物質対策係長
平成10年 7 月	環境庁環境保健部環境安全課保健専門官
平成11年 7 月	環境庁大気保全局企画課広域大気管理室室長補佐
平成13年 1 月	環境省地球環境局環境保全対策課広域大気専門官
平成13年 7 月	横浜市環境保全局総務部担当課長
平成15年 4 月	環境省環境管理局総務課ダイオキシン対策室室長補佐
平成17年 7 月	環境省環境管理局水環境部土壌環境課課長補佐
平成18年 4 月	日本環境安全事業株式会社事業部上席調査役
平成18年 6 月	日本環境安全事業株式会社事業部事業企画課長
平成20年 8 月	環境省地球環境局環境保全対策課長補佐
平成21年 4 月	環境省水・大気環境局総務課ダイオキシン対策室室長補佐
平成22年 4 月	慶応義塾大学環境情報学部教授
平成24年 4 月	環境省大臣官房総務課環境情報室長
平成25年 4 月	独立行政法人水資源機構環境室水環境課長
平成26年 4 月	独立行政法人水資源機構ダム事業本部ダム事業部担当課長
平成27年 8 月	環境省総合環境政策局総務課環境研究技術室長
平成29年 7 月	環境省大臣官房総合政策課環境研究技術室長
平成29年 8 月	内閣府政策統括官（科学技術・イノベーション担当）付参事官
令和元年 7 月	環境省大臣官房環境保健部環境安全課長

主要著書
『持続可能な社会に向けた環境人材育成』（化学工業日報社，2013）

環境省大臣官房環境保健部環境安全課環境リスク評価室長

山　本　英　紀（やまもと　ひでのり）

平成30年8月　環境省大臣官房環境保健部環境安全課環境リスク評価室長

環境省大臣官房環境保健部放射線健康管理担当参事官
Director, Radiation Health Management Office, Environmental
Health Department

鈴 木 章 記 <small>(すずき　あきふさ)</small>

昭和45年 4 月23日生．神奈川県出身．
昭和大学

平成19年 4 月	厚生労働省保険局医療課医療指導監査室特別医療指導監査官
平成20年 4 月	厚生労働省医薬食品局食品安全部基準審査課新開発食品保健対策室バイオ食品専門官
平成21年 4 月	独立行政法人国立病院機構医療部医療課長
平成22年 4 月	山口県下関市保健部長兼下関保健所長
平成26年 7 月	厚生労働省健康局疾病対策課肝炎対策推進室長
平成27年10月	厚生労働省健康局難病対策課移植医療対策推進室長
平成28年 9 月	厚生労働省労働基準局安全衛生部労働衛生課主任中央じん肺診査医
平成30年 7 月	独立行政法人医薬品医療機器総合機構審議役
令和 2 年 1 月	独立行政法人医療品医療機器総合機構執行役員
令和 2 年 8 月	環境省大臣官房環境保健部放射線健康管理担当参事官

環境省総合環境政策統括官（併）環境調査研修所長

和 田 篤 也（わだ　とくや）

北海道出身.
北海道立帯広柏葉高校，北海道大学工学部衛生工学科，
北海道大学大学院工学研究科情報工学専攻

昭和63年4月	環境庁入庁（大気保全局企画課）
平成2年4月	大阪府環境保健部環境局大気課
平成4年4月	環境庁国立環境研究所地球環境研究センター観測第2係長
平成4年10月	環境庁国立環境研究所地球環境研究センター（併）交流係長
平成6年4月	通商産業省工業技術院総務部ニューサンシャイン計画推進本部技術班長
平成8年7月	環境庁企画調整局環境影響評価課環境影響審査室審査官
平成10年7月	海外経済協力基金環境室環境社会開発課課長代理
平成11年10月	国際協力銀行環境社会開発室環境第2班副参事役
平成13年9月	環境省地球環境局環境保全対策課環境協力室室長補佐
平成14年10月	環境省地球環境局環境保全対策課課長補佐
平成14年10月	環境省地球環境局地球温暖化対策課国民生活対策室（併）室長補佐
平成16年4月	環境省総合環境政策局環境影響評価課課長補佐
平成17年9月	環境省総合環境政策局環境影響評価課環境影響審査室（併）室長補佐
平成18年10月	環境省地球環境局地球温暖化対策課国際対策室長
平成20年8月	環境省水・大気環境局土壌環境課地下水・地盤環境室長
平成21年7月	環境省総合環境政策局環境保健部企画課化学物質審査室長
平成23年8月	環境省地球環境局地球温暖化対策課調整官
平成24年9月	環境省地球環境局地球温暖化対策課長
平成26年7月	環境省廃棄物・リサイクル対策部廃棄物対策課長
平成28年6月	環境省大臣官房参事官（指定廃棄物対策担当）
平成29年7月	環境省環境再生・資源循環局総務課長
平成30年4月	環境省大臣官房審議官
平成30年7月	環境省大臣官房政策立案総括審議官
令和元年7月	大臣官房公文書監理官を兼任
令和2年7月	環境省総合環境政策統括官（併）環境調査研修所長

環境省大臣官房総合政策課長

永 島 徹 也（ながしま　てつや）

昭和44年12月7日生．神奈川県出身．A型
一橋大学社会学部,
タフツ大学フレッチャースクール

平成4年	環境庁入庁
平成20年7月	総合環境政策局総務課課長補佐
平成21年9月	総理大臣官邸内閣官房副長官（事務）秘書官
平成23年8月	環境省大臣官房政策評価広報課広報室長
平成24年2月	環境省大臣官房廃棄物・リサイクル対策部企画課循環型社会推進室長
平成24年8月	環境省大臣官房廃棄物・リサイクル対策部企画課リサイクル推進室長（併）循環型社会推進室長
平成25年5月	環境省大臣官房総務課企画官
平成26年4月	環境省水・大気環境局中間貯蔵施設担当参事官
平成28年4月	環境省総合環境政策局環境影響評価課長
平成29年7月	環境省自然環境局総務課長
令和元年7月	環境省大臣官房総合政策課長

環境省大臣官房総合政策課調査官

笠　井　雅　広（かさい　まさひろ）

平成 8 年 4 月	建設省入省
平成24年 4 月	国土交通省水管理・国土保全局河川環境課企画専門官
平成26年 4 月	国土交通省近畿地方整備局河川部河川調査官
平成28年 4 月	国土交通省水管理・国土保全局治水課企画専門官
平成30年 6 月	国土交通省水管理・国土保全局河川環境課河川保全企画室長
令和元年 7 月	環境省大臣官房総合政策課調査官

環境省大臣官房総合政策課企画評価・政策プロモーション室長

岡　﨑　雄　太 （おかざき　ゆうた）

神奈川県出身.
神奈川県立湘南高校通信制課程, 慶應義塾大学総合政策学部,
ジョージタウン大学公共政策大学院

平成11年４月	環境庁入庁
平成22年５月	在中国日本大使館一等書記官
平成25年８月	環境省総合環境政策局環境経済課課長補佐
平成27年９月	上智大学地球環境学研究科准教授
平成30年４月	環境省大臣官房環境影響評価課課長補佐
平成30年７月	原子力規制庁長官官房総務課企画官
令和２年４月	環境省大臣官房総合政策課企画評価・政策プロモーション室長

環境省大臣官房総合政策課環境研究技術室長
Director of Environmental Research and Technology Office

曽 宮 和 夫（そみや　かずお）

昭和43年3月15日生．大分県出身．
大分県立佐伯鶴城高校，広島大学総合科学部卒，
同大学院生物圏科学研究科博士課程前期修了

平成5年4月	環境庁入庁
平成27年5月	環境省自然環境局外来生物対策室長
平成30年7月	環境省自然環境局生物多様性センター長
令和2年8月	環境省大臣官房総合政策課環境研究技術室長

環境省大臣官房総合政策課環境教育推進室長（併）民間活動支援室長
Director, Ministry's Secretariat office of Environmental Education

三　木　清　香 （みき　きよか）

昭和45年 4 月 4 日生.
東北大学理学部生物学科

平成 6 年 4 月	衆議院事務局科学技術委員会調査室
平成19年 3 月	政策研究大学院大学知財プログラム修士課程卒業
平成19年10月	文部科学省研究開発局原子力計画課核融合開発室専門官
平成23年 6 月	文部科学省研究開発局海洋地球課専門官
平成24年 7 月	文部科学省科学技術・学術政策局政策課調整・評価室専門官
平成25年 7 月	文部科学省科学技術・学術政策局企画評価課課長補佐
平成26年 4 月	文部科学省研究開発局参事官（原子力損害賠償担当）付補佐
令和元年 7 月	環境省大臣官房総合政策課環境教育推進室長（併）民間活動支援室長

環境省大臣官房環境計画課長

松　田　尚　之（まつだ　たかゆき）

平成29年7月　環境省環境再生・資源循環局廃棄物適正処理推進課浄化
　　　　　　　槽推進室長
令和2年7月　環境省大臣官房環境計画課長

環境省大臣官房環境計画課計画官

岡　村　幸　代 （おかむら　さちよ）

　　　　　　民間採用
令和2年9月　環境省大臣官房環境計画課計画官

環境省大臣官房環境計画課地域循環共生圏推進室長

三　橋　英　夫（みはし　えいふ）

東京都出身.
東京理科大学

昭和54年	環境庁入庁
平成27年4月	環境省自然環境局総務課長補佐
平成27年4月	環境省自然環境局総務課温泉制度管理技術研究官
平成29年4月	環境省関東地方環境事務所総務課長
平成31年4月	環境省大臣官房環境計画課地域循環共生圏推進室長

環境省大臣官房環境経済課長
Director of Environmental and Economy Division

西　村　治　彦 （にしむら　はるひこ）

平成28年4月	環境省水・大気環境局中間貯蔵施設担当参事官
平成29年7月	環境省環境再生・資源循環局環境再生施設整備担当参事官
平成30年4月	環境省環境再生・資源循環局環境再生施設整備担当参事官（充）福島地方環境事務所中間貯蔵部長
平成30年7月	環境省大臣官房環境経済課長

環境省大臣官房環境影響評価課長
Director of Environmental Impact Assessment Division

堀 上　　勝（ほりかみ　まさる）

昭和40年5月8日生．東京都出身．
都立八王子東高校，日本大学

平成13年	環境省自然環境局自然環境計画課課長補佐
平成15年	環境省自然環境局野生生物課課長補佐
平成19年	鹿児島県環境保護課長
平成21年7月	環境省自然環境局総務課自然ふれあい推進室長
平成25年6月	環境省自然環境局自然環境計画課生物多様性施策推進室長
平成28年4月	環境省自然環境局総務課調査官
平成29年7月	環境省自然環境局野生生物課長
令和元年7月	環境省水・大気環境局土壌環境課長（併）地下水・地盤環境室長
令和2年7月	環境省大臣官房環境影響評価課長

環境省大臣官房環境影響評価課環境影響審査室長
Director of Office of Environmental Impact Assessment Review

木　野　修　宏 (きの　のぶひろ)

昭和46年4月12日生．愛知県出身．A型
愛知県立一宮西高校，東京大学工学部工業化学科（修士：超伝導工学専攻）

平成8年4月　環境庁入庁
平成26年7月　環境省地球環境局国際連携課国際協力室長
平成28年7月　環境省地球環境局国際連携課国際地球温暖化対策室長
平成29年7月　環境省地球環境局総務課低炭素社会推進室長
令和2年4月　環境省地球環境局総務課脱炭素社会移行推進室長
令和2年7月　環境省大臣官房環境影響評価課環境影響審査室長

環境省地球環境局長
Director‐General, Global Environment Bureau

小　野　　　洋（おの　ひろし）

平成20年 7 月　環境省地球環境局総務課研究調査室長
平成22年 7 月　環境省総合環境政策局環境影響評価課環境影響審査室長
平成24年 4 月　富山県理事
平成26年 4 月　環境省官房総務課環境情報室長
平成26年 7 月　環境省水・大気環境局自動車環境対策課長
平成28年 6 月　環境省大臣官房廃棄物・リサイクル対策部企画課長
平成29年 7 月　環境省大臣官房審議官
令和元年 7 月　環境省水・大気環境局長
令和 2 年 7 月　環境省地球環境局長

環境省地球環境局総務課長
Director, Policy and Coordination Division, Global Environment
Bureau

関 谷 毅 史 （せきや　たけし）
栃木県出身.

平成22年 7 月	環境省地球環境局地球温暖化対策課国際対策室長
平成22年10月	環境省地球環境局国際連携課国際地球温暖化対策室長
平成24年 4 月	環境省水・大気環境局総務課除染渉外広報室長
平成25年 7 月	環境省東北地方環境事務所福島環境再生事務所長
平成27年10月	環境省地球環境局総務課低炭素社会推進室長
平成28年 6 月	環境省地球環境局国際連携課長
平成29年 7 月	内閣官房内閣参事官
令和元年 7 月	環境省水・大気環境局総務課長（併）自動車環境対策課長
令和 2 年 7 月	環境省地球環境局総務課長

環境省地球環境局総務課脱炭素社会移行推進室長

坂　口　芳　輝（さかぐち　よしてる）

東北大学大学院工学研究科土木工学専攻

平成 8 年 4 月　環境庁土壌農薬課
平成23年 7 月　環境省廃棄物対策課課長補佐
平成25年 7 月　関東地方環境事務所保全統括官
平成28年 7 月　岐阜県環境生活部次長
平成29年 4 月　岐阜県環境生活部部長
平成30年 4 月　環境省大臣官房環境影響評価課環境影響審査室長補佐
平成30年 7 月　環境省大臣官房環境影響評価課環境影響審査室長
令和 2 年 7 月　環境省地球環境局総務課脱炭素社会移行推進室長

環境省地球環境局総務課脱炭素化イノベーション研究調査室長
Director of Office of Global Environment and Decarbonizing
Innovation Research

中 島 恵 理（なかじま　えり）

昭和47年9月2日生．京都府出身．
京都大学法学部，
ケンブリッジ大学土地経済学科，オックスフォード大学環境変化管理学科

平成 7 年 4 月　環境庁入庁
平成15年 6 月　経済産業省資源エネルギー庁新エネルギー対策課新エネ
　　　　　　　ルギー電気利用推進室室長補佐
平成19年 4 月　環境省総合環境政策局環境経済課環境教育推進室長補佐
平成23年 4 月　長野県環境部温暖化対策課長
平成25年 4 月　環境省自然環境局総務課長補佐
平成26年 4 月　上智大学大学院准教授（研究休職）
平成27年 4 月　長野県副知事
平成31年 4 月　環境省大臣官房環境計画課計画官
令和 2 年 8 月　環境省地球環境局総務課脱炭素化イノベーション研究調
　　　　　　　査室長

主要著書・論文　英国の持続可能な地域づくり（学芸出版社）、田園サス
ティナブルライフ（学芸出版社）、ビジネスの魅力を高める自然エネルギ
ー活用術（築地書館）

環境省地球環境局総務課気候変動適応室長

髙 橋 一 彰（たかはし　かずあき）

福井県出身.
福井県立藤島高校,
大阪大学大学院工学研究科

平成10年 4 月	環境庁入庁
平成27年 8 月	環境省総合環境政策局環境保健部環境安全課
平成28年 4 月	環境省総合環境政策局環境保健部環境保健企画管理課水銀対策推進室長
平成29年12月	環境省福島地方環境事務所調整官
平成30年 4 月	環境省福島地方環境事務所中間貯蔵部調整官
平成30年10月	環境省水・大気環境局水環境課課長補佐
平成31年 4 月	環境省地球環境局総務課気候変動適応室長

環境省地球環境局総務課地球温暖化対策事業監理室長

伊　藤　賢　利（いとう　かつとし）

平成27年　　　環境省地球環境局地球温暖化対策課国民生活対策室長
令和 2 年 4 月　環境省地球環境局総務課地球温暖化対策事業監理室長

環境省地球環境局地球温暖化対策課長
Director of Climate Change Policy Division

小笠原　　　靖（おがさわら　やすし）

昭和45年 5 月 4 日生．愛知県出身．
愛知県立岡崎高校，京都大学

平成 7 年 4 月	環境庁入庁
平成14年 8 月	ヨーロッパ環境政策研究所客員研究員
平成15年 7 月	環境省地球環境局地球温暖化対策課課長補佐
平成19年 4 月	環境省大臣官房廃棄物・リサイクル対策部リサイクル推進室総括補佐
平成20年 7 月	環境省総合環境政策局環境経済課総括補佐
平成22年 8 月	環境省総合環境政策局環境計画課総括補佐
平成23年 7 月	環境省総合環境政策局総務課総括補佐
平成24年10月	環境省大臣官房総務課総括補佐
平成26年 9 月	環境大臣秘書官
平成27年10月	環境省地球環境局地球温暖化対策課市場メカニズム室長
平成28年 7 月	環境省大臣官房総務課広報室長
平成29年 7 月	環境省環境再生・資源循環局総務課リサイクル推進室長（併）循環型社会推進室長
平成30年10月	内閣官房内閣参事官
令和 2 年 7 月	環境省地球環境局地球温暖化対策課長

環境省地球環境局地球温暖化対策課地球温暖化対策事業室長
Director, Climate Change Projects Office, Climate Change Policy
Division

加　藤　　　聖 (かとう　せい)

昭和50年12月5日生．宮城県出身．
東北大学,
東北大学大学院修了

平成12年4月　厚生省入省
平成29年10月　環境省地球環境局地球温暖化対策課地球温暖化対策事業
　　　　　　　企画官
令和2年7月　環境省地球環境局地球温暖化対策課地球温暖化対策事業
　　　　　　　室長

環境省地球環境局地球温暖化対策課脱炭素ビジネス推進室長

内　藤　冬　美（ないとう　ふゆみ）

平成 9 年 4 月　環境庁入庁
平成28年 7 月　環境省大臣官房総務課課長補佐
平成30年 8 月　環境省大臣官房総合政策課政策評価室長
平成31年 4 月　環境省大臣官房総合政策課企画評価・政策プロモーショ
　　　　　　　　ン室長
令和 2 年 4 月　環境省地球環境局地球温暖化対策課脱炭素ビジネス推進
　　　　　　　　室長

環境省地球環境局地球温暖化対策課市場メカニズム室長
Director Market Mechanism Office

井 上 和 也 （いのうえ　かずや）

大臣官房秘書課秘書官事務取扱　を経て
平成28年8月　環境省地球環境局総務課調査官
平成28年9月　原子力規制庁長官官房法規部門企画官
平成30年7月　環境省自然環境局国立公園課国立公園利用推進室長
令和元年7月　環境省地球環境局地球温暖化対策課市場メカニズム室長

環境省地球環境局地球温暖化対策課フロン対策室長（併）低炭素物流推進室長

豊　住　朝　子（とよずみ　あさこ）

	環境省関東地方環境事務所保全統括官
平成30年 7 月	国土交通省自動車局環境政策課地球温暖化対策室長
令和 2 年 4 月	国土交通省自動車局安全・環境基準課環境基準室長
令和 2 年 9 月	環境省地球環境局地球温暖化対策課フロン対策室長（併）低炭素物流推進室長

環境省地球環境局地球温暖化対策課脱炭素ライフスタイル推進室長
Director, Decarbonized Lifestyle Promotion Office Global
Environment Bureau

菊　池　圭　一 (きくち　けいいち)

昭和62年 4 月　環境庁入庁
令和 2 年 7 月　環境省地球環境局地球温暖化対策課脱炭素ライフスタイ
　　　　　　　　ル推進室長

環境省地球環境局地球温暖化対策課事業監理官

寺　沢　直　樹 （てらさわ　なおき）

昭和50年6月8日生．秋田県出身．O型
秋田県立能代高校，東北大学，
東北大学大学院

平成12年4月　　建設省入省
平成21年4月　　国土交通省東北地方整備局道路部道路計画第一課長
平成23年7月　　国土交通省道路局国道・防災課道路保全企画室課長補佐
平成26年7月　　国土交通省大臣官房技術調査課課長補佐
平成27年7月　　国土交通省近畿地方整備局和歌山河川国道事務所長
平成30年8月　　国土交通省近畿地方整備局企画部企画調査官
令和2年7月　　環境省地球環境局地球温暖化対策課事業監理官

環境省地球環境局国際連携課長

大 井 通 博（おおい　みちひろ）

昭和45年4月20日生．京都府出身．A型
峰山高校，京都大学理学部，
京都大学大学院理学研究科

平成 7 年 4 月	環境庁大気環境局大気規制課
平成15年 7 月	英国イーストアングリア大学留学
平成17年 7 月	環境省環境保健部化学物質審査官室長補佐
平成20年 7 月	経済協力開発機構（OECD）環境局出向
平成23年 7 月	環境省地球環境局国際地域温暖化対策室・地球環境問題交渉官
平成25年 7 月	環境省総合環境政策局環境保健部環境安全課課長補佐
平成26年 7 月	環境省地球環境局国際連携課国際地球温暖化対策室長
平成28年 6 月	環境省総合環境政策局環境影響評価課環境影響審査室長
平成30年 7 月	環境省地球環境局総務課研究調査室長（併）気候変動適応室長
平成31年 4 月	環境省地球環境局総務課脱炭素化イノベーション研究調査室長
令和元年 7 月	環境省地球環境局国際連携課長

学生時代の所属部　京大合唱団

**環境省地球環境局国際連携課国際協力・環境イ
ンフラ戦略室長**
Director, International Cooperation and
Sustainable Infrastructure office, Ministry of
the Environment

杉 本 留 三 (すぎもと　りゅうぞう)

昭和49年生.　千葉県出身.
東京大学工学系研究科都市工学専攻

平成11年 4 月	環境庁入庁
平成13年 1 月	環境省環境管理局総務課ダイオキシン対策室
平成15年 7 月	経済産業省産業技術環境局研究開発課
平成17年 9 月	環境省総合環境政策局環境影響評価室
平成18年 6 月	米国　インディアナ大学に留学
平成20年 7 月	環境省廃棄物・リサイクル対策部リサイクル推進室室長補佐
平成21年12月	環境省地球環境局地球温暖化対策課課長補佐
平成24年 9 月	アジア開発銀行に出向
平成28年 7 月	環境省地球環境局国際連携課課長補佐
平成29年 7 月	環境省地球環境局国際連携課国際協力室長
平成30年 4 月	環境省地球環境局国際連携課国際協力・環境インフラ戦略室長

環境省地球環境局国際連携課国際地球温暖化対策担当参事官

辻 原　　浩 (つじはら　ひろし)

昭和44年 3 月 6 日生. 岡山県出身.
岡山県立岡山大安寺高等学校, 京都大学工学部

平成23年10月	環境省地球環境局国際連携課課長補佐（ベトナム国天然資源環境省派遣）
平成24年 8 月	環境省地球環境局総務課研究調査室長
平成26年 7 月	兵庫県農政環境部参事（アジア太平洋地球変動ネットワーク事務局長）
平成29年 8 月	原子力規制庁長官官房技術基盤課長
令和元年 7 月	環境省地球環境局国際連携課国際地球温暖化対策担当参事官

環境省水・大気環境局長
Director-General, Environmental
Management Bureau

山 本 昌 宏（やまもと　よしひろ）

昭和38年 2 月 1 日生．兵庫県出身．
京都大学工学部衛生工学科

昭和60年 4 月	厚生省入省（生活衛生局水道環境部環境整備課）
昭和61年 4 月	環境庁大気保全局企画課交通公害対策室
昭和63年 4 月	環境庁水質保全局水質管理課主査
平成 2 年 4 月	厚生省生活衛生局水道環境部浄化槽対策室指導普及係長、室長補佐
平成 5 年 9 月	留学
平成 6 年11月	海外経済協力基金開発事業部開発第一課課長代理
平成 9 年 7 月	建設省河川局河川環境課課長補佐
平成11年 7 月	厚生省生活衛生局水道環境部水道整備課、厚生労働省健康局水道課課長補佐
平成13年 7 月	環境事業団環境保全・廃棄物事業部処理技術室長、安全対策室長、審議役（技術担当）
平成16年 4 月	環境省廃棄物・リサイクル対策部リサイクル推進室自動車リサイクル対策室長
平成17年 7 月	環境省地球環境局地球温暖化対策課調整官
平成19年 7 月	環境省水・大気環境局水環境課閉鎖性海域対策室長
平成20年 7 月	環境省総合環境政策局環境影響評価課環境影響審査室長
平成22年 4 月	環境省水・大気環境局自動車環境対策課長
平成23年 7 月	環境省大臣官房廃棄物・リサイクル対策部廃棄物対策課長
平成26年 7 月	環境省大臣官房廃棄物・リサイクル対策部企画課長
平成28年 6 月	環境省大臣官房サイバーセキュリティ・情報化審議官
平成29年 7 月	環境省環境再生・資源循環局次長
平成30年 7 月	環境省環境再生・資源循環局長
令和 2 年 7 月	環境省水・大気環境局長

環境省水・大気環境局総務課長（併）自動車環
境対策課長
Director, Policy and Coordination Division

小　森　　　繁（こもり　しげる）

昭和42年 9 月17日生．東京都出身．
早稲田大学政治経済学部政治学科

平成 4 年 4 月	環境庁入庁
平成11年 7 月	環境庁大臣官房総務課長補佐
平成12年 7 月	環境庁企画調整局環境影響評価課長補佐
平成14年 4 月	北九州市環境局環境保全部環境国際協力室長
平成16年 4 月	環境省大臣官房政策評価広報課長補佐
平成17年11月	環境省地球環境局総務課長補佐
平成20年 7 月	環境省水・大気環境局総務課長補佐
平成21年 7 月	環境省地球環境局地球温暖化対策課長補佐　環境省地球環境局地球温暖化対策課国民生活対策室長（併任）
平成22年 2 月	環境省地球環境局地球温暖化対策課長補佐
平成22年 8 月	経済産業省四国経済産業局総務企画部長
平成24年 6 月	環境省大臣官房付
平成27年 8 月	原子力規制庁長官官房総務課広報室長
平成28年 2 月	原子力規制庁長官官房総務課監査・業務改善推進室長
平成29年 4 月	原子力規制庁長官官房監査・業務改善統括調整官
平成30年 4 月	環境省大臣官房環境保健部環境保健企画管理課長
令和 2 年 7 月	環境省水・大気環境局総務課長（併）自動車環境対策課長

環境省水・大気環境局総務課調査官（併）環境管理技術室長
Senior Policy Coordinator, Policy and Coordination Division

平　澤　崇　裕（ひらさわ　たかひろ）

昭和47年10月13日生．神奈川県出身．
東京大学工学部航空宇宙工学科

平成 7 年 4 月	運輸省入省（自動車交通局技術安全部整備課）
平成10年10月	自動車交通局技術安全部技術企画課国際業務室国際協定係長
平成14年 5 月	外務省欧州連合日本政府代表部書記官
平成17年 8 月	総合政策局環境・海洋課専門官
平成19年 7 月	自動車交通局技術安全部技術企画課国際業務室課長補佐
平成21年 7 月	政策統括官付参事官付国際物流政策企画官
平成21年10月	自動車交通局技術安全部環境課長補佐
平成22年 4 月	自動車交通局技術安全部整備課長補佐
平成24年 8 月	自動車局技術政策課長補佐
平成26年 7 月	関東運輸局自動車技術安全部長
平成28年 8 月	自動車局審査・リコール課リコール監理室長
平成30年 7 月	自動車局技術政策課自動運転戦略官
令和 2 年 4 月	自動車局技術・環境政策課自動運転戦略官
令和 2 年 7 月	環境省水・大気環境局総務課調査官（併）環境管理技術室長

環境省水・大気環境局大気環境課長
Director Air Environment Division

長　坂　雄　一（ながさか　ゆういち）

昭和40年生．東京都出身．
早稲田大学理工学部応用化学科,
早稲田大学大学院理工学研究科修士課程

平成 4 年 4 月	環境庁入庁
平成 4 年 4 月	環境庁水質保全局土壌農薬課
平成 5 年 5 月	環境庁企画調整局地球環境部企画課
平成 7 年 4 月	環境庁大気保全局企画課環境基準係長
平成 9 年 4 月	厚生省水道環境部リサイクル推進室リサイクル推進係長
平成10年 7 月	環境庁水質保全局水質管理課環境基準係長
平成11年 7 月	環境庁企画調整局環境保健部環境安全課保健専門官
平成13年 1 月	環境省総合環境政策局環境保健部環境安全課保健専門官
平成13年 9 月	環境省環境管理局水環境部土壌環境課課長補佐
平成15年 4 月	水産庁増殖推進部漁場資源課生態系保全室室長補佐
平成16年 4 月	環境省環境管理局大気環境課課長補佐
平成17年 7 月	財団法人地球環境センター事業部長
平成19年 7 月	環境省総合環境政策局環境影響審査室室長補佐 兼 審査官
平成21年 4 月	中国四国地方環境事務所高松事務所長
平成22年11月	環境省総合環境政策局総務課環境研究技術室長
平成23年 3 月	内閣府政策統括官（防災担当）付企画官併任
平成23年 7 月	内閣府政策統括官（防災担当）付企画官併任解除
平成25年 4 月	環境省総合環境政策局環境保健部環境安全課環境リスク評価室長
平成26年 7 月	厚生労働省健康局水道課水道水質管理官（健康局水道課水道水質管理室長 併任）
平成28年 7 月	富山県理事
平成30年10月	中間貯蔵・環境安全事業株式会社中間貯蔵事業部次長
令和元年 7 月	原子力規制庁長官官房監視情報課長
令和 2 年 7 月	環境省水・大気環境局大気環境課長

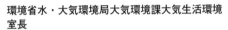

環境省水・大気環境局大気環境課大気生活環境
室長
Director, Office of Odor, Noise and Vibration

山　本　郷　史（やまもと　さとし）

昭和45年3月生．神奈川県出身．
麻布高校，
東京大学大学院工学系研究科都市工学専攻

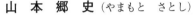

平成6年	厚生省入省（生活衛生局水道環境部環境整備課）
平成14年7月	環境省廃棄物・リサイクル対策部リサイクル推進室室長補佐
平成16年4月	環境省廃棄物・リサイクル対策部産業廃棄物課課長補佐
平成18年4月	環境省水・大気環境局自動車環境対策課課長補佐
平成20年8月	農林水産省農村振興局整備部設計課計画調整室室長補佐
平成22年4月	環境省総合環境政策局環境影響評価課課長補佐
平成23年4月	環境省水・大気環境局水環境課課長補佐
平成25年4月	日本環境安全事業株式会社事業部事業企画課長
平成25年7月	日本環境安全事業株式会社事業部次長
平成27年8月	原子力規制庁長官官房監視情報課放射線環境対策室長
平成29年7月	環境省水・大気環境局水環境課閉鎖性海域対策室長
令和元年5月	国立環境研究所環境情報部長
令和2年9月	環境省水・大気環境局大気環境課大気生活環境室長

環境省水・大気環境局水環境課長
Director, Water Environment Division

筒 井 誠 二 (つつい　せいじ)

昭和44年生．東京都出身．
北海道大学，
北海道大学大学院（修士）修了

平成 6 年 4 月	厚生省入省
平成26年 9 月	環境省水・大気環境局総務課除染渉外広報室長
平成27年 8 月	環境省大臣官房廃棄物・リサイクル対策部産業廃棄物課適正処理・不法投棄対策室長
平成29年 7 月	兵庫県農政環境部参事
令和元年 8 月	環境省水・大気環境局水環境課長

環境省水・大気環境局水環境課閉鎖性海域対策
室長
Director, Office of Environmental
Management of Enclosed Coastal Seas

行木美弥（なめき　みみ）

北海道出身．A型
釧路湖陵高校，北海道大学工学部，
東京大学大学院新領域創生科学研究科博士修了（環境学），北海道大学大学院工学研究科衛生工学専攻修士修了，マサチューセッツ工科大学
Technology and Policy Program修士修了

平成7年4月　環境庁水質保全局水質管理課　平成14年　環境省総合環境政策局環境保健部環境安全課専門官　平成16年　環境省地球環境局地球温暖化対策課課長補佐　平成18年　外務省経済協力開発機構（OECD）日本政府代表部一等書記官　平成21年　環境省水・大気環境局総務課課長補佐　平成24年4月　慶應義塾大学環境情報学部環境情報学科准教授　平成27年4月　環境省水・大気環境局大気環境課大気生活環境室長補佐　平成27年8月　環境省水・大気環境局大気環境課大気生活環境室長　平成29年7月　環境省大臣官房総合政策課環境研究技術室長　平成30年7月　国立環境研究所企画部次長・気候変動適応センター副センター長　令和2年8月　環境省水・大気環境局水環境課閉鎖性海域対策室長

主要著書・論文　『地球とつながる暮らしのデザイン』（木楽舎，2016）、『ザ・環境学　緑の頭の作り方』（勁草書房，2014）、『改定4版　環境社会検定試験　eco検定公式テキスト』（東京商工会議所，2014）、『地球環境条約　生成・展開と国内実施』（有斐閣，2005）他　「炭素強度の高い財の需給を対象とした気候変動対策：鉄鋼を事例として」（日本リスク研究学会誌 Vol.24., No. 1, pp.41-48 2014）、「中国とインドにおける鉄鋼需給に関連する温室効果ガス排出の中長期予測――スクラップの利用可能性と限界――」（行木美弥・森口祐一　土木学会論文集G（環境），Vol 69, No. 6 II_205 ~II_215 2013）、「炭素集約度の高い財の需給に着目した温室効果ガス排出削減策の比較分析」（行木美弥・森口祐一・亀山康子　土木学会論文集G（環境），Vol.70., No. 6, pp.II_227 -II_238 2014）
資格　茶道表千家教授職
趣味　読書，旅行
学生時代の所属部　合唱部
好きな言葉　一期一会
尊敬する人　両親

環境省水・大気環境局水環境課海洋環境室長
Director, Office of Marine Environment

山　下　　信 （やました　まこと）

昭和45年3月8日生.　愛知県出身.
水産大学校製造学科

平成5年4月	農林水産省入省
平成13年4月	水産庁九州漁業調整事務所漁業監督課漁業監督指導官
平成13年10月	水産庁資源管理部管理課漁業監督指導官
平成14年4月	水産庁資源管理部管理課外国漁船取締企画官
平成15年4月	水産庁資源管理部管理課課長補佐
平成17年2月	在ロシア日本国大使館一等書記官
平成20年4月	水産庁漁政部企画課課長補佐
平成23年5月	農林水産省総合食料局流通課課長補佐
平成23年9月	農林水産省食料産業局食品小売サービス課課長補佐
平成26年4月	経済産業省資源エネルギー庁資源・燃料部鉱物資源課課長補佐
平成27年1月	水産庁増殖推進部研究指導課課長補佐
平成28年4月	水産庁漁政部加工流通課課長補佐
平成29年4月	石川県農林水産部次長 兼 水産課長
令和2年4月	環境省水・大気環境局水環境課海洋環境室長

環境省水・大気環境局水環境課海洋プラスチック汚染対策室長

中　島　慶　次（なかしま　けいじ）

愛知県出身.
東京農工大学農学部

平成30年 7 月　環境省東北地方環境事務所統括自然保護企画官
令和 2 年 4 月　環境省水・大気環境局水環境課海洋プラスチック汚染対
　　　　　　　策室長

環境省水・大気環境局土壌環境課長（併）地下水・地盤環境室長

新　田　　　晃（にった　あきら）

昭和43年 5 月11日生．石川県出身．
国立金沢大学教育学部附属高校，東北大学工学部土木工学科

平成22年10月	環境省地球環境局国際連携課国際協力室長
平成24年 4 月	環境省地球環境局国際連携課国際地球温暖化対策室長（併）国際協力室長
平成24年 9 月	国際協力室長の併任解除
平成26年 4 月	岐阜県環境生活部次長
平成28年 7 月	環境省総合環境政策局環境保健部環境保健企画管理課化学物質審査室長
平成29年 7 月	環境省大臣官房環境保健部環境保健企画管理課化学物質審査室長
平成30年 7 月	環境省環境再生・資源循環局環境再生事業担当参事官
令和 2 年 7 月	環境省水・大気環境局土壌環境課長（併）地下水・地盤環境室長

環境省水・大気環境局土壌環境課農薬環境管理室長
Director of Agricultural Chemicals Control Office

羽 石 洋 平 （はねいし　ようへい）

昭和47年1月20日生．大阪府出身．
京都大学大学院修了

平成10年4月	農林水産省入省
平成22年10月	農林水産省生産局農業環境対策課課長補佐（土壌環境保全班担当）
平成26年4月	農林水産省農林水産技術会議事務局技術政策課課長補佐（企画班担当）
平成27年10月	農林水産省近畿農政局生産部生産振興課長
平成28年7月	農林水産省大臣官房文書課災害総合対策室課長補佐（防災危機管理班担当）
平成29年8月	農林水産省消費・安全局植物防疫課課長補佐（国際班担当）
令和元年10月	農林水産省消費・安全局植物防疫課課長補佐（総括・総務班担当）
令和2年7月	環境省水・大気環境局土壌環境課農薬環境管理室長

環境省自然環境局長
Director-General, Nature Conservation
Bureau

鳥　居　敏　男（とりい　としお）
昭和36年 4 月25日生．大阪府出身．A型
大阪府立豊中高校，京都大学農学部林学科

昭和59年 4 月	環境庁入庁（自然保護局鳥獣保護課）
昭和59年10月	環境庁自然保護局保護管理課
昭和60年 4 月	環境庁富士箱根伊豆国立公園管理事務所
昭和61年 4 月	環境庁上信越高原国立公園妙高高原管理官事務所
昭和63年 6 月	環境庁瀬戸内海国立公園管理事務所
平成 2 年 7 月	環境庁自然保護局計画課調査係長
平成 3 年 4 月	環境庁自然保護局計画課計画係長
平成 5 年 5 月	国土庁計画・調整局計画課専門調査官
平成 7 年 7 月	環境庁自然保護局計画課計画調査専門官
平成 8 年 7 月	外務省在ケニア日本国大使館一等書記官
平成11年 4 月	環境庁自然保護局野生生物課課長補佐
平成14年 7 月	環境省東北海道地区自然保護事務所次長
平成17年 4 月	環境省自然環境局自然環境計画課課長補佐
平成18年12月	環境省自然環境局野生生物課外来生物対策室長
平成19年 4 月	環境省生物多様性センター長
平成21年 7 月	環境省自然環境局自然環境計画課生物多様性地球戦略企画室長
平成23年 7 月	環境省東北地方環境事務所長
平成25年 7 月	環境省自然環境局国立公園課長
平成26年 7 月	環境省自然環境局自然環境計画課長
平成28年 6 月	環境省大臣官房会計課長
平成29年 7 月	環境省大臣官房サイバーセキュリティ・情報化審議官
平成30年 7 月	環境省大臣官房審議官
令和元年 7 月	環境省自然環境局長

自
然
環
境
局

環境省自然環境局総務課長

奥 山 祐 矢 （おくやま　まさや）

東京都出身.

平成 5 年 4 月	環境庁入庁
平成24年10月	環境省地球環境局地球温暖化対策課市場メカニズム室長
平成25年 7 月	原子力規制庁政策評価・広聴広報課広報室長
平成26年 3 月	原子力規制庁総務課広報室長
平成27年 8 月	環境省総合環境政策局環境経済課長
平成29年 7 月	環境省大臣官房環境経済課長
平成30年 7 月	環境省地球環境局地球温暖化対策課長
令和 2 年 8 月	環境省自然環境局総務課長

環境省自然環境局総務課調査官

番 匠 克 二（ばんしょう　かつじ）

兵庫県出身.
東京大学,
東京大学大学院農学系研究科

平成28年4月　環境省自然環境局野生生物課希少種保全推進室長
令和元年7月　環境省自然環境局総務課調査官

自
然
環
境
局

環境省自然環境局総務課国民公園室長（併）新宿御苑管理事務所長

宇賀神　知　則（うがじん　とものり）

昭和46年2月17日生．東京都出身．
東京都立青井高校，筑波大学第二学群農林学類，
筑波大学大学院環境科学研究科

平成7年4月	環境庁入庁（長官官房秘書課）
平成7年4月	山陰地区国立公園・野生生物事務所大山管理官
平成8年4月	山陰海岸国立公園浦富管理官事務所浦富管理官
平成9年7月	環境庁自然保護局国立公園課
平成12年4月	中部地区自然保護事務所万座自然保護官事務所万座自然保護官
平成14年4月	国土交通省国土計画局総合計画課専門調査官
平成16年9月	大臣官房秘書課環境大臣政務官事務取扱
平成17年8月	自然環境局野生生物課課長補佐
平成18年9月	北海道地方環境事務所国立公園・保全整備課長
平成20年8月	自然環境局野生生物課外来生物対策室室長補佐
平成23年7月	関東地方環境事務所日光自然環境事務所長
平成25年5月	自然環境局総務課自然ふれあい推進室室長補佐
平成27年4月	東北地方環境事務所福島環境再生事務所中間貯蔵施設等整備事務所中間貯蔵施設浜通り事務所長
平成28年9月	中国四国地方環境事務所保全統括官（併）高松事務所長（30.4～四国事務所長）
平成31年4月	自然環境局総務課新宿御苑管理事務所長
平成31年7月	（併）総務課国民公園室長

趣味　尺八，法螺貝
学生時代の所属部　ラグビー部

環境省自然環境局総務課動物愛護管理室長
Director, Office of Animal Welfare and Management

長　田　　啓 （おさだ　けい）

昭和46年 9 月 6 日生.
埼玉県立浦和高校，東京工業大学工学部社会工学科

　　　　　　　環境省佐渡自然保護官事務所首席自然保護官
　　　　　　　環境省自然環境局国立公園課課長補佐
　　　　　　　鹿児島県環境林務部自然保護課長　などを経て

平成29年 8 月　環境省自然環境局自然環境計画課生物多様性主流化室長
平成30年 7 月　環境省自然環境局総務課動物愛護管理室長

環境省自然環境局自然環境計画課長
Director of Biodiversity Policy Division

植 田 明 浩 （うえだ　あきひろ）

昭和40年 6 月24日生．岡山県出身．
東京大学農学部

平成元年 4 月	環境庁入庁（自然保護局計画課）
平成17年10月	環境省関東地方環境事務所統括自然保護企画官
平成19年 7 月	環境省自然環境局総務課動物愛護管理室長
平成21年 4 月	環境省自然環境局京都御苑管理事務所長
平成22年 2 月	環境省大臣官房付
平成22年 4 月	環境省地球温暖化対策課国民生活対策室長
平成22年 4 月	環境省大臣官房総務課企画官（併）
平成22年 8 月	環境省地球環境局総務課調査官（併）
平成23年 7 月	環境省九州地方環境事務所那覇自然環境事務所長
平成27年 7 月	内閣官房内閣参事官（まち・ひと・しごと創生本部事務局）
平成28年 7 月	環境省自然環境局野生生物課長
平成29年 7 月	環境省環境再生・資源循環局参事官（特定廃棄物対策担当）
平成30年 7 月	環境省自然環境局自然環境計画課長

環境省自然環境局自然環境計画課自然環境情報分析官
Senior Coordinator for Biodiversity Policy, Biodiversity Policy Division

三　村　起　一（みむら　きいち）

昭和35年 5 月31日生．千葉県出身．A型
千葉大学園芸学部

昭和59年 4 月	環境庁入庁（長官官房秘書課）
平成 4 年 4 月	環境庁自然保護局野生生物課鳥獣保護業務室鳥獣専門官
平成 5 年11月	環境庁企画調整局地球環境部環境保全対策課環境協力室環境協力専門官
平成 8 年 4 月	環境庁自然保護局北関東地区国立公園・野生生物事務所公園保護科長
平成10年 4 月	香川県生活環境部環境局環境・土地政策課自然保護室室長
平成13年 1 月	環境省大臣官房廃棄物・リサイクル対策部産業廃棄物課適正処理推進室室長補佐
平成14年 7 月	環境省自然環境局中部地区自然保護事務所次長
平成16年 4 月	環境省自然環境局東北地区自然保護事務所次長
平成17年10月	環境省東北地方環境事務所統括自然保護企画官
平成18年 4 月	環境省自然環境局野生生物課外来生物対策室長
平成19年 2 月	JICA専門家インドネシア林業省
平成22年 1 月	生物多様性条約COP10日本準備事務局次長
平成23年 4 月	環境省自然環境局新宿御苑管理事務所長
平成25年 6 月	公益財団法人地球環境戦略研究機関（IGES）東京事務所長・上席研究員
平成27年 7 月	環境省中部地方環境事務所長
平成30年 7 月	環境省北海道地方環境事務所長
令和 2 年 7 月	環境省自然環境局自然環境計画課自然環境情報分析官

自然環境局

環境省自然環境局自然環境計画課生物多様性戦略推進室長

中 澤 圭 一（なかざわ　けいいち）

中間貯蔵・環境安全事業株式会社管理部次長
平成29年 8 月　環境省自然環境局自然環境計画課生物多様性戦略推進室長

環境省自然環境局自然環境計画課生物多様性主流化室長
Office for Mainstreaming Biodiversity, Nature Conservation Bureau,
Ministry of the Environment

河 村 玲 央 （かわむら　れお）

昭和52年7月4日生．長崎県出身．
早稲田大学政治経済学部

平成12年4月	環境庁入庁
平成17年7月	米国コロンビア大学国際公共政策大学院留学
平成19年7月	環境省環境保健部企画課課長補佐
平成20年4月	環境省地球環境局市場メカニズム室室長補佐
平成23年7月	OECD環境総局環境成果情報課出向
平成25年7月	財務省主計局調査課課長補佐
平成26年7月	財務省主計局文部科学第五係主査
平成27年7月	環境省総合環境政策局環境経済課課長補佐
平成29年7月	原子力規制庁長官官房総務課企画官（国会担当）
令和元年8月	環境省地球環境局総務課課長補佐
令和元年9月	環境大臣秘書官
令和2年9月	環境省自然環境局自然環境計画課生物多様性主流化室長

自
然
環
境
局

環境省自然環境局国立公園課長
Director, National Park Division, Nature Conservation Bureau

熊 倉 基 之（くまくら　もとゆき）

昭和45年11月27日生．東京都出身．
東京都立戸山高校，早稲田大学政治経済学部

平成 6 年 4 月	環境庁入庁
平成18年 9 月	滋賀県琵琶湖環境部自然環境保全課長
平成20年 7 月	環境省地球環境局総務課課長補佐
平成22年 7 月	環境省自然環境局総務課課長補佐
平成24年 8 月	内閣官房原子力安全規制組織等改革準備室企画官
平成24年 9 月	原子力規制庁政策評価・広聴広報課企画官
平成25年 7 月	環境省地球環境局地球温暖化対策課フロン等対策官（フロン等対策推進室長）（併）市場メカニズム室長
平成27年 4 月	環境省地球環境局地球温暖化対策課フロン対策室長
平成27年 7 月	環境省大臣官房廃棄物・リサイクル対策部廃棄物対策課浄化槽推進室長
平成28年 6 月	環境省大臣官房廃棄物・リサイクル対策部廃棄物対策課災害廃棄物対策室長
平成29年 7 月	環境省大臣官房環境影響評価課長
令和元年 7 月	環境省自然環境局国立公園課長

環境省自然環境局国立公園課国立公園利用推進室長

中 島 尚 子 （なかじま　なおこ）

昭和45年 3 月 4 日生. 兵庫県出身. A型
神戸女学院高等学部, 京都大学農学部,
名古屋大学大学院農学研究科

平成27年12月	環境省自然環境局自然環境整備担当参事官付温泉地保護利用推進室長
平成28年 4 月	環境省自然環境局自然環境整備課温泉地保護利用推進室長
平成29年 4 月	環境省自然環境局自然環境計画課課長補佐
令和元年 7 月	環境省自然環境局国立公園課国立公園利用推進室長

自
然
環
境
局

環境省自然環境局自然環境整備課長

山　口　富　夫（やまぐち　とみお）

平成26年 5 月	環境省大臣官房会計課補佐
平成28年 4 月	環境再生保全機構地球環境基金部長
平成29年 4 月	環境省大臣官房秘書課地方環境室長
平成30年 4 月	環境省大臣官房秘書課調査官
令和元年 7 月	環境省自然環境局自然環境整備課長

環境省自然環境局自然環境整備課温泉地保護利用推進室長

岡　野　隆　宏（おかの　たかひろ）

平成9年4月　環境庁入庁
令和2年7月　環境省自然環境局自然環境整備課温泉地保護利用推進室長

自
然
環
境
局

環境省自然環境局野生生物課長
Director of Wildlife Division

中 尾 文 子（なかお　ふみこ）

愛知県出身.
愛知県立旭丘高校，東京大学，
ゲルフ大学大学院

平成25年 6 月	環境省自然環境局総務課自然ふれあい推進室長
平成27年 4 月	環境省自然環境局国立公園課国立公園利用推進室長
平成27年 7 月	環境省自然環境局自然環境計画課生物多様性地球戦略企画室長
平成29年 7 月	環境省自然環境局総務課調査官
平成30年 7 月	環境省自然環境局国立公園課長
令和元年 7 月	環境省自然環境局野生生物課長

学生時代の所属部　東大エコロジーを考える会，旭丘剣道部
尊敬する人　レイチェル・カーソン

環境省自然環境局野生生物課鳥獣保護管理室長

川 越 久 史 (かわごえ ひさし)

昭和44年9月1日生.長野県出身.
信州大学大学院修了

平成6年4月	環境庁入庁
平成22年4月	環境省自然環境局自然環境計画課生物多様性地球戦略企画室長補佐
平成24年10月	長崎県環境部自然環境課長
平成26年4月	長崎県環境部参事監 兼 自然環境課長
平成27年7月	環境省自然環境局自然環境計画課課長補佐
平成28年4月	環境省自然環境局生物多様性センター長
平成30年7月	環境省環境再生・資源循環局企画官(併)除染業務室長
令和元年7月	環境省自然環境局野生生物課鳥獣保護管理室長

自然環境局

環境省自然環境局野生生物課希少種保全推進室長

山 本 麻 衣 (やまもと　まい)

東京大学農学部

| 平成 7 年 4 月 | 環境庁入省 |
| 環境省自然環境局野生生物課課長補佐、環境省自然環境局自然環境計画課課長補佐、長崎県自然環境課などを経て |
| 平成29年 4 月 | 環境省自然環境局自然環境整備課温泉地保護利用推進室長 |
| 令和 2 年 7 月 | 環境省自然環境局野生生物課希少種保全推進室長 |

環境省自然環境局野生生物課外来生物対策室長

北　橋　義　明（きたはし　よしあき）

昭和48年10月 6 日生.　大阪府出身.
大阪府立四条畷高校,
北海道大学大学院農学専攻

平成10年 4 月	環境庁（当時）入庁
平成21年 4 月	東北地方環境事務所国立公園課長
平成23年 7 月	十和田自然保護官事務所長
平成25年 4 月	九州地方環境事務所国立公園課長
平成29年 5 月	日光国立公園管理事務所長
平成30年 7 月	環境省自然環境局野生生物課外来生物対策室長

自然環境局

趣味　登山, スキー, 釣り, 自転車
学生時代の所属部　北大歩く会

環境省自然環境局皇居外苑管理事務所長
Director, kokyogaien National Garden Office

須 藤 伸 一（すどう　しんいち）

神奈川県出身.
逗子開成高校, 中央大学

平成30年4月	環境省大臣官房会計課庁舎管理室長
平成31年4月	環境再生保全機構補償業務部長
令和2年4月	環境省自然環境局皇居外苑管理事務所長

環境省自然環境局京都御苑管理事務所長
Director, Kyoto Gyoen National Garden Office

中 野 圭 一（なかの　けいいち）

岐阜県出身.
中央大学

令和2年4月　環境省自然環境局京都御苑管理事務所長

自
然
環
境
局

環境省自然環境局新宿御苑管理事務所長（併）総務課国民公園室長
Director, Shinjuku Gyoen National Garden Management Office

宇賀神　知　則（うがじん　とものり）

昭和46年2月17日生．東京都出身．
東京都立青井高校，筑波大学第二学群農林学類，
筑波大学大学院環境科学研究科

平成 7 年 4 月	環境庁入庁（長官官房秘書課）
平成 7 年 4 月	山陰地区国立公園・野生生物事務所大山管理官
平成 8 年 4 月	山陰海岸国立公園浦富管理官事務所浦富管理官
平成 9 年 7 月	環境庁自然保護局国立公園課
平成12年 4 月	中部地区自然保護事務所万座自然保護官事務所万座自然保護官
平成14年 4 月	国土交通省国土計画局総合計画課専門調査官
平成16年 9 月	大臣官房秘書課環境大臣政務官事務取扱
平成17年 8 月	自然環境局野生生物課課長補佐
平成18年 9 月	北海道地方環境事務所国立公園・保全整備課長
平成20年 8 月	自然環境局野生生物課外来生物対策室室長補佐
平成23年 7 月	関東地方環境事務所日光自然環境事務所長
平成25年 5 月	自然環境局総務課自然ふれあい推進室室長補佐
平成27年 4 月	東北地方環境事務所福島環境再生事務所中間貯蔵施設等整備事務所中間貯蔵施設浜通り事務所長
平成28年 9 月	中国四国地方環境事務所保全統括官（併）高松事務所長（30.4 ～四国事務所長）
平成31年 4 月	自然環境局総務課新宿御苑管理事務所長
平成31年 7 月	（併）総務課国民公園室長

趣味　尺八，法螺貝
学生時代の所属部　ラグビー部

環境省自然環境局生物多様性センター長
Director of Biodiversity Center of Japan

松 本 英 昭 (まつもと　ひであき)

鳥取県出身.
鳥取県立米子東高等学校, 東北大学,
岐阜大学大学院

平成 9 年　　　　環境庁入庁
令和 2 年 8 月　環境省自然環境局生物多様性センター長

自
然
環
境
局

環境省環境再生・資源循環局長

森 山 誠 二（もりやま　せいじ）

岡山県出身.
岡山県立井原高校，東京大学工学部

昭和61年 4 月	建設省入省
平成16年 4 月	国土交通省道路局高度道路交通システム推進室企画専門官
平成18年10月	内閣官房再チャレンジ担当室企画官
平成20年 7 月	国土交通省九州地方整備局福岡国道事務所長
平成22年 4 月	静岡県交通基盤部長
平成24年 4 月	静岡県副知事
平成26年 4 月	国土交通省中部地方整備局企画部長
平成28年 6 月	国土交通省道路局環境安全課長
平成30年 4 月	国土交通省道路局環境安全・防災課長
平成30年 7 月	環境省環境再生・資源循環局次長
令和 2 年 7 月	環境省環境再生・資源循環局長

環境省環境再生・資源循環局次長

松　澤　　　裕 （まつざわ　ゆたか）

昭和39年生.
東京大学

平成元年　　　　厚生省入省
平成27年10月　　環境省地球環境局地球温暖化対策課長
平成30年7月　　環境省大臣官房審議官
令和2年7月　　　環境省環境再生・資源循環局次長

環境省環境再生・資源循環局総務課長

中 尾　　豊（なかお　ゆたか）

昭和44年6月23日生．東京都出身．
私立開成高校，東京大学文学部社会心理学科

平成4年4月	環境庁入庁（自然保護局企画調整課）
平成6年4月	環境庁企画調整局企画調整課環境保全活動推進室
平成7年4月	環境庁企画調整局企画調整課環境保全活動推進室主査
平成8年6月	環境庁地球環境部環境保全対策課係長
平成10年7月	環境庁企画調整局環境影響評価課係長
平成11年7月	環境庁企画調整局環境影響評価課課長補佐
平成12年6月	外務省（在アメリカ合衆国日本国大使館二等書記官）
平成14年4月	外務省（在アメリカ合衆国日本国大使館一等書記官）
平成16年2月	環境省総合環境政策局環境経済課課長補佐
平成18年7月	（育児休業）
平成19年4月	環境省大臣官房秘書課課長補佐（併任：政策評価広報課）
平成19年7月	環境省総合環境政策局環境保健部企画課課長補佐
平成21年7月	環境省大臣官房総務課課長補佐（併任：秘書課）
平成22年8月	環境省大臣官房総務課企画官
平成22年9月	環境省大臣官房付（秘書官事務取扱）
平成23年9月	環境省大臣官房廃棄物・リサイクル対策部企画課循環型社会推進室長（併任：総合環境政策局総務課、環境推進課）
平成24年2月	環境省大臣官房政策評価広報課広報室長
平成26年9月	内閣官房内閣参事官（内閣官房副長官補付）
平成28年7月	環境省大臣官房廃棄物・リサイクル対策部産業廃棄物課長
平成29年7月	環境省大臣官房環境保健部環境保健企画管理課長
平成30年4月	環境省福島地方環境事務所次長
令和2年7月	環境省環境再生・資源循環局総務課長

環境省環境再生・資源循環局総務課循環指標情報分析官

尾 川　　毅 (おがわ　たけし)

昭和36年 2 月17日生. 福岡県出身.
東京大学工学部,
東京大学大学院工学系研究科修士課程

昭和60年 4 月	厚生省入省（生活衛生局水道環境部水道整備課）
平成 4 年 7 月	環境庁水質保全局土壌農薬課微生物農薬専門官
平成 5 年 4 月	厚生省大臣官房国際課国際協力室国際協力専門官
平成 7 年 4 月	環境庁企画調整局環境研究技術課長補佐
平成 9 年 4 月	農林水産省構造改善局建設部水利課長補佐
平成11年 4 月	環境庁企画調整局地球環境部企画課課長補佐
平成13年 1 月	環境省大臣官房廃棄物・リサイクル対策部企画課課長補佐
平成14年 7 月	環境省環境管理局水環境部企画課課長補佐
平成15年 7 月	厚生労働省健康局水道課長補佐
平成16年 7 月	環境省大臣官房総務課環境情報企画官（併）環境情報室長
平成17年 7 月	環境省水・大気環境局土壌環境課地下水・地盤環境室長
平成18年 7 月	富山県生活環境文化部参事
平成20年 7 月	環境省水・大気環境局水環境課閉鎖性鎮性海域対策室長
平成21年 7 月	日本環境安全事業株式会社事業部次長
平成23年 7 月	厚生労働省健康局水道課水道水質管理官（水道水質管理室長 併任）
平成25年 7 月	（独）水資源機構経営企画部次長
平成28年 7 月	大阪湾広域臨海環境整備センター常務理事
平成30年 7 月	総務省公害等調整委員会事務局審査官
令和元年 5 月	環境省環境再生・資源循環局総務課循環指標情報分析官

環境省環境再生・資源循環局総務課リサイクル推進室長（併）循環型社会推進室長

平 尾 禎 秀（ひらお　よしひで）

昭和52年2月26日生．香川県出身．
高松高校，東京大学法学部，
ニューヨーク大学法科大学院、ペース大学法科大学院

平成11年4月	環境庁長官官房秘書課
平成18年7月	環境省水・大気環境局総務課審査官
平成19年7月	環境省大臣官房廃棄物・リサイクル対策部企画課リサイクル推進室長補佐
平成21年9月	環境省大臣官房秘書課課長補佐　　併任：大臣官房秘書課副大臣秘書事務取扱　　期間：H21.9～H22.9
平成22年9月	環境省地球環境局地球温暖化対策課市場メカニズム室室長補佐
平成24年7月	環境省水・大気環境局放射性物質汚染対策担当参事官室参事官補佐
平成26年7月	環境省大臣官房秘書課課長補佐　　外務省欧州連合日本政府代表部一等書記官
平成29年7月	環境省環境再生・資源循環局総務課課長補佐
平成30年8月	環境省地球環境局総務課課長補佐
平成30年10月	環境省大臣官房秘書課秘書官事務取扱
令和元年9月	環境省大臣官房総務課広報室長
令和2年8月	環境省環境再生・資源循環局総務課リサイクル推進室長（併）循環型社会推進室長

環境省環境再生・資源循環局総務課制度企画室長

井 上 雄 祐 (いのうえ　ゆうすけ)

平成15年4月　環境省入省
令和元年7月　環境省環境再生・資源循環局総務課制度企画室長

環境省環境再生・資源循環局廃棄物適正処理推
進課長（併）廃棄物規制課災害廃棄物対策室長

名 倉 良 雄（なくら　よしお）

平成24年9月	環境省水・大気環境局水環境課閉鎖性海域対策室長
平成26年7月	環境省地球環境局地球温暖化対策課調整官
平成28年6月	環境省地球環境局総務課低炭素社会推進室長
平成29年7月	環境省水・大気環境局土壌環境課長
平成30年7月	環境省環境再生・資源循環局廃棄物適正処理推進課長（併）災害廃棄物対策室長

環境省環境再生・資源循環局廃棄物適正処理推進課浄化槽推進室長

山 本 泰 生（やまもと　やすお）

平成13年4月	入省
平成30年8月	環境再生・資源循環局総務課課長補佐
令和元年7月	自然環境局自然環境計画課生物多様性主流化室長
令和2年9月	環境再生・資源循環局廃棄物適正処理推進課浄化槽推進室長

環境省環境再生・資源循環局廃棄物適正処理推進課放射性物質汚染廃棄物対策室長

吉 野 議 章 （よしの　のりあき）

平成 9 年 4 月	環境庁入庁
平成28年 8 月	環境省大臣官房秘書課秘書官事務取扱
平成29年 8 月	環境省大臣官房総合政策課政策評価室長
平成30年 8 月	環境省大臣官房総務課広報室長
令和元年 9 月	環境省環境再生・資源循環局廃棄物適正処理推進課放射性物質汚染廃棄物対策室長

環境省環境再生・資源循環局廃棄物規制課長（併）不法投棄原状回復事
業対策室長（併）ポリ塩化ビフェニル廃棄物処理推進室長

神 谷 洋 一（かみや　よういち）

令和2年7月　環境省環境再生・資源循環局廃棄物規制課長（併）不法
　　　　　　投棄原状回復事業対策室長（併）ポリ塩化ビフェニル廃
　　　　　　棄物処理推進室長

環境省環境再生・資源循環局放射性物質汚染対処技術担当参事官

渡　邊　　茂（わたなべ　しげる）

平成4年4月　建設省入省
平成29年4月　鹿児島県土木部長
平成31年4月　環境省環境再生・資源循環局放射性物質汚染対処技術担
　　　　　　　当参事官

環境省環境再生・資源循環局参事官

則 久 雅 司 (のりひさ　まさし)

昭和42年4月26日生.香川県出身.
香川県大手前高等学校,東京大学農学部,
東京大学大学院農学系研究科

平成4年4月　環境庁入庁
平成13年1月　環境省自然環境局自然環境計画課調整専門官
平成17年10月　環境省自然環境局国立公園課課長補佐
平成20年7月　環境省釧路自然環境事務所統括自然保護企画官
平成23年7月　鹿児島県環境林務部自然保護課長
平成26年4月　鹿児島県環境林務部参事 兼 自然保護課長
平成27年4月　環境省自然環境局自然環境計画課課長補佐
平成27年7月　環境省自然環境局総務課動物愛護管理室長
平成30年7月　環境省環境再生・資源循環局参事官

環境省環境再生・資源循環局参事官（環境再生事業担当）

川　又　孝太郎（かわまた　こうたろう）

平成24年9月	環境省地球環境局国際連携課国際協力室長
平成26年7月	環境省大臣官房廃棄物・リサイクル対策部産業廃棄物課 適正処理・不法投棄対策室長
平成27年9月	ドイツ大使館参事官
平成30年7月	環境省大臣官房環境計画課長
令和2年7月	環境省環境再生・資源循環局参事官（環境再生事業担当）

環境省環境再生・資源循環局廃棄物規制課参事官（中間貯蔵）

鮎 川 智 一（あゆかわ　ともかず）

	環境省地球環境局総務課課長補佐　を経て
平成24年 9 月	原子力規制庁総務課企画調査官
平成26年 7 月	環境省大臣官房廃棄物・リサイクル対策部廃棄物対策課浄化槽推進室長
平成27年 7 月	環境省地球環境局地球温暖化対策課フロン対策室長
平成28年 7 月	環境省大臣官房総務課政策評価室長（併）環境情報室長
平成29年 7 月	環境省地球環境局地球温暖化対策課市場メカニズム室長
令和元年 7 月	環境省大臣官房環境影響評価課長
令和 2 年 7 月	環境省環境再生・資源循環局廃棄物規制課参事官（中間貯蔵）

環境再生・資源循環局

環境省環境再生・資源循環局企画官（併）除染業務室長

中 野 哲 哉 （なかの　てつや）

昭和47年9月5日生．北海道出身．
北海道旭川東高等学校，北海道大学

平成8年4月	北海道庁入庁
平成18年4月	環境省水・大気環境局総務課ダイオキシン対策室排出削減係長
平成22年7月	環境省水・大気環境局大気環境課大気生活環境室室長補佐
平成24年1月	環境省水・大気環境局総務課課長補佐
平成26年1月	環境省大臣官房廃棄物・リサイクル対策部産業廃棄物課課長補佐
平成28年7月	東北地方環境事務所保全統括官
平成30年7月	環境省水・大気環境局総務課長補佐
令和元年5月	環境省水・大気環境局水環境課閉鎖性海域対策室長
令和2年8月	環境省環境再生・資源循環局企画官（併）除染業務室長

環境省環境再生・資源循環局企画官

馬　場　康　弘（ばば　やすひろ）

	東北地方環境事務所福島環境再生事務所調整官　を経て
平成28年4月	環境省地球環境局地球温暖化対策課フロン対策室長
令和元年8月	環境省環境再生・資源循環局企画官

●原子力規制庁

原子力規制委員会委員長
Chairman, NRA

更 田 豊 志（ふけた　とよし）

昭和32年 7 月生．茨城県出身．O型
駒場東邦高校，東京工業大学，
東京工業大学大学院理工学研究科博士課程修了

昭和62年 3 月　東京工業大学大学院理工学研究科博士課程修了，工学博士
昭和62年 4 月　日本原子力研究所入所
平成13年 4 月　日本原子力研究所企画室調査役
平成15年 4 月　日本原子力研究所安全性試験研究センター原子炉安全工
　　　　　　　学部燃料安全研究室長
平成17年10月　独立行政法人日本原子力研究開発機構安全研究センター
　　　　　　　原子炉安全研究ユニット長
平成22年 4 月　独立行政法人日本原子力研究開発機構安全研究センター
　　　　　　　副センター長
平成24年 4 月　独立行政法人日本原子力研究開発機構原子力基礎工学研
　　　　　　　究部門副部門長
平成24年 9 月　原子力規制委員会委員
平成26年 9 月　原子力規制委員会委員長代理
平成29年 9 月　原子力規制委員会委員長

原子力規制委員会

原子力規制委員会委員
Commissioner, NRA

田　中　　知（たなか　さとる）

昭和25年3月生.
東京大学大学院工学系研究科博士課程修了

昭和52年12月　東京大学工学部助手（原子力工学）
昭和56年10月　東京大学工学部助教授（工学部付属原子力工学研究施
　　　　　　　設・茨城県東海村）
平成6年2月　　東京大学大学院工学系研究科教授（システム量子工学専
　　　　　　　攻）
平成20年4月　　東京大学大学院工学系研究科教授（原子力国際専攻）
平成26年9月　　原子力規制委員会委員
平成27年6月　　東京大学名誉教授

原子力規制委員会委員
Commissioner, NRA

山　中　伸　介 （やまなか　しんすけ）

昭和30年12月生.　兵庫県出身.
大阪大学,
大阪大学大学院

昭和58年 6 月　大阪大学工学部助手
平成 6 年12月　大阪大学工学部助教授
平成10年 5 月　大阪大学大学院工学研究科教授
平成22年 4 月　大阪大学大学院工学研究科附属フロンティア研究センター長
平成28年 4 月　大阪大学大学院工学研究科附属オープンイノベーション教育研究センター長
平成28年 8 月　大阪大学理事・副学長
平成29年 8 月～ 9 月　大阪大学大学院工学研究科教授
平成29年 9 月　原子力規制委員会委員

原子力規制委員会委員
Commissioner, NRA

伴　　信　彦（ばん　のぶひこ）
昭和38年7月12日生.
東京大学,
東京大学大学院

昭和63年	動力炉・核燃料開発事業団
平成5年	東京大学助手
平成10年	大分県立看護科学大学講師
平成16年	大分県立看護科学大学助教授
平成19年	大分県立看護科学大学准教授
平成23年	東京医療保健大学教授
平成27年9月	原子力規制委員会委員

原子力規制委員会委員
Commissioner, NRA

石　渡　　明（いしわたり　あきら）

昭和28年4月生．神奈川県出身．
東京都立神代高校，横浜国立大学，金沢大学大学院，
東京大学大学院理学系研究科博士課程修了（地質学）

昭和57年4月	パリ第6大学構造地質学科助手
昭和61年1月	金沢大学理学部助手
平成4年6月	金沢大学理学部助教授
平成15年7月	金沢大学理学部教授
平成20年4月	東北大学東北アジア研究センター教授（基礎研究部門地球化学研究分野）
平成26年9月	原子力規制委員会委員

主要著書　『東北アジア大地のつながり』（共著、2011年東北大学出版会）、『火成作用（フィールドジオロジー 8）』（共著、2012年共立出版）、『Q&A火山噴火127の疑問』（日本火山学会編、共著、2015年講談社ブルーバックス）、『鉱物・宝石の科学辞典』（共著、2019年朝倉書店）
主要論文　「宮城県北部、石越安山岩の地質・岩石学的特徴とマグマプロセス」岩石鉱物科学44、155-170（共著、2015年）、「阿武隈変成帯中に露出する沈み込み帯域オフィオライト断片の岩石学」岩石鉱物科学44、239-255（共著、2015年）、「兵庫県川西市の超丹波帯から蛇紋岩礫の発見："舞鶴島弧"と大江山オフィオライトとの関係」地質学雑誌121、391-401（共著、2015年）、「岡山県赤磐市の海底岩石（夜久野オフィオライト）」地質技術 7、11-16（単著、2017年）

原子力規制委員会

原子力規制庁長官

荻 野　　徹（おぎの　とおる）

昭和33年5月27日生. 栃木県出身.
東京大学（法）

昭和61年8月	広島県警刑事部捜査第2課長
平成2年8月	警視庁目黒署長
平成6年4月	福井県警警務部長
平成8年12月	行政改革会議事務局
平成10年7月	内閣法制局参事官
平成12年8月	警察庁官房総務課企画官
平成14年8月	警視庁第1方面本部長
平成17年8月	内閣官房内閣参事官（内閣官房副長官補付）
平成19年8月	警察庁国家公安委員会会務官
平成21年3月	熊本県警本部長
平成22年9月	内閣官房内閣総務官室内閣審議官
平成24年5月	茨城県警本部長
平成25年10月	警察大学校副校長兼警察庁官房審議官（刑事局担当）
平成26年4月	警察大学校副校長兼警察庁官房審議官（刑事局・犯罪収益対策担当）
平成27年1月	警察大学校校長
平成27年7月	原子力規制庁次長（兼）原子力安全人材育成センター所長
令和元年7月	原子力規制庁長官

**原子力規制庁次長（兼）原子力安全人材育成セ
ンター所長**
Deputy Secretary-General

片 山　　啓（かたやま　ひろむ）
昭和37年7月8日生．大阪府出身．O型
国立奈良女子大学附属高校，京都大学経済学部経済学科

昭和60年4月	通商産業省入省
平成13年7月	内閣府地方分権改革推進会議事務局企画調整官
平成16年6月	経済産業省産業技術環境局認証課長
平成17年7月	経済産業省資源エネルギー庁電力・ガス事業部電力市場整備課長
平成20年7月	内閣官房副長官補付内閣参事官
平成22年4月	経済産業省経済産業政策局調査課長
平成22年7月	経済産業省原子力安全・保安院企画調整課長
平成24年9月	原子力規制庁総務課長
平成25年7月	独立行政法人原子力安全基盤機構総括参事
平成25年10月	独立行政法人原子力安全基盤機構理事
平成26年3月	原子力規制庁長官官房審議官
平成26年3月	原子力規制庁長官官房核物質・放射線総括審議官
令和元年7月	原子力規制庁次長（兼）原子力安全人材育成センター所長

原子力規制庁

原子力規制庁原子力規制技監（兼）長官官房制
度改正審議室長

櫻　田　道　夫 (さくらだ　みちお)
東京大学工学部原子力工学科

昭和58年4月	通商産業省入省
平成10年6月	資源エネルギー庁公益事業部原子力発電安全企画審査課原子力発電安全企画官
平成13年1月	経済産業省原子力安全・保安院新型炉等規制課総括安全審査官
平成13年6月	経済産業省大臣官房企画課企画官（併）相互承認推進室長（併）基準認証国際チーム長
平成16年7月	経済産業省資源エネルギー庁電力・ガス事業部核燃料サイクル産業課長
平成18年7月	経済産業省産業技術環境局基準認証政策課長
平成19年7月	経済産業省原子力安全・保安院電力安全課長
平成23年5月	経済産業省大臣官房審議官（原子力防災担当）
平成23年8月	内閣官房原子力安全規制組織等改革準備室副室長
平成24年9月	原子力規制庁長官官房審議官
平成26年3月	原子力規制庁原子力規制部長
平成29年1月	原子力規制庁官房技術総括審議官
平成29年4月	原子力規制庁原子力規制技監 長官官房制度改正審議室長を兼任

原子力規制庁長官官房核物質・放射線総括審議官
Director-General for Radiation Protection
Strategy and Security

山　田　知　穂 (やまだ　ともほ)

昭和36年9月2日生．兵庫県出身．O型
私立灘高校，東京大学工学部電気工学科，
東京大学大学院工学系研究科

平成11年6月	東北通商産業局総務企画部総務課長
平成13年1月	東北経済産業局総務企画部総務課長
平成13年7月	資源エネルギー庁電力・ガス事業部企画官（電力流通担当）
平成15年7月	財団法人エネルギー総合工学研究所副首席研究員
平成16年4月	独立行政法人原子力安全基盤機構在米国代表
平成18年7月	原子力安全・保安院統括安全審査官
平成19年7月	原子力安全・保安院原子力安全技術基盤課長
平成20年7月	内閣府原子力安全委員会事務局管理環境課長
平成22年7月	原子力安全・保安院原子力発電安全審査課長
平成24年9月	原子力規制庁技術基盤課長
平成26年3月	原子力規制庁長官官房技術基盤課長
平成26年10月	原子力規制庁長官官房審議官
平成29年1月	原子力規制庁原子力規制部長
令和元年7月	原子力規制庁長官官房核物質・放射線総括審議官

原子力規制庁

原子力規制庁長官官房緊急事態対策監
Director-General for Emergency Response

山 形 浩 史（やまがた　ひろし）

昭和37年6月15日生．大阪府出身．
大阪府立三国丘高校，京都大学工学部原子核工学科 京都大学博士（工学）

昭和62年4月	通商産業省入省
昭和62年4月	資源エネルギー庁公益事業部開発課
平成元年4月	立地公害局立地指導課総括係長
平成3年7月	資源エネルギー庁長官官房総務課技術係長
平成4年7月	資源エネルギー庁公益事業部原子力発電安全企画審査課企画班長
平成6年7月	米国スタンフォード大学大学院留学
平成7年7月	大臣官房企画室企画主任
平成8年6月	中小企業庁指導部技術課総括班長
平成10年7月	経済協力開発機構／原子力機関（OECD/Nuclear Energy Agency）行政官
平成12年7月	資源エネルギー庁公益事業部原子力発電課総括班長
平成13年1月	経済産業省資源エネルギー庁電力・ガス事業部放射性廃棄物対策調査室長
平成14年7月	経済産業省資源エネルギー庁総合政策課エネルギー情報企画室長
平成16年6月	経済産業省大臣官房参事官（環境担当）（併）環境政策課京都メカニズム推進室長
平成18年8月	国際原子力機関（IAEA/International Atomic Energy Agency）安全評価アドバイザー
平成21年7月	経済産業省産業技術環境局産業技術政策課国際室長
平成22年7月	経済産業省中国経済産業局資源エネルギー環境部長
平成23年7月	経済産業省原子力安全・保安院原子力安全基準統括管理官
平成24年4月	経済産業省原子力安全・保安院核燃料管理規制課長
平成24年9月	原子力規制庁国際課長（兼）重大事故対策基準統括調整官
平成25年4月	原子力規制庁安全規制管理官（BWR担当）
平成27年1月	原子力規制庁原子力規制部安全規制管理官（PWR担当）
平成28年4月	原子力規制庁原子力規制部実用発電原子炉規制総括官
平成29年1月	原子力規制庁長官官房審議官
平成29年7月	原子力規制庁長官官房緊急事態対策監

主要著書・論文　『原子力政策学』（共著，京都大学学術出版会）
趣味　読書

原子力規制庁長官官房審議官（併）内閣府大臣官房審議官（原子力防災担当）

Director-General for Nuclear Regulation Policy

佐 藤　　暁 (さとう　ぎょう)

昭和38年6月5日生.　福岡県出身.　O型
福岡県立修猷館高校,　京都大学工学部原子核工学科,
京都大学大学院工学研究科

平成2年4月	通商産業省入省（資源エネルギー庁原子力発電安全管理課）
平成3年5月	機械情報産業局産業機械課
平成5年4月	環境立地局立地政策課
平成6年5月	科学技術庁原子力調査室
平成8年5月	資源エネルギー庁業務課
平成10年7月	カルフォルニア州立大学
平成11年6月	工業技術院エネルギー技術研究開発課
平成13年1月	経済産業省資源エネルギー庁原子力政策課
平成16年5月	経済産業省製造産業局産業機械課
平成18年6月	経済産業省原子力安全・保安院統括原子力保安検査官
平成20年5月	経済産業省原子力安全・保安院電力安全課電気保安室長
平成20年11月	経済産業省原子力安全・保安院企画調整課制度審議室長（併）
平成24年5月	経済産業省原子力安全・保安院原子力安全広報課長
平成24年6月	経済産業省原子力安全・保安院原子力安全特別調査課長（併）
平成24年9月	原子力規制庁政策評価・広聴広報課長
平成26年3月	原子力規制庁原子力規制部原子力規制企画課長
平成28年6月	原子力規制庁長官官房原子力災害対策・核物質防護課長
平成29年7月	原子力規制庁長官官房放射線防護企画課長
令和元年7月	原子力規制庁長官官房審議官（併）内閣府大臣官房審議官（原子力防災担当）

原子力規制庁

原子力規制庁長官官房審議官
Director-General for Nuclear Regulation Policy

大 村 哲 臣 （おおむら　てつお）

昭和35年7月27日生．兵庫県出身．AB型
兵庫県立小野高校，京都大学工学部原子核工学科，
京都大学工学部修士課程原子核工学科

昭和60年4月	通商産業省入省（資源エネルギー庁公益事業部原子力発電安全審査課）
昭和62年2月	立地公害局立地指導課
平成元年4月	資源エネルギー庁公益事業部原子力発電課
平成3年4月	在インドネシア日本国大使館
平成6年4月	資源エネルギー庁原子力産業課
平成8年6月	新エネルギー産業技術総合開発機構（NEDO）
平成10年6月	大臣官房情報システム課
平成11年6月	国際原子力機関（IAEA）
平成14年6月	経済産業省原子力安全・保安院統括安全審査官（併）原子力防災課原子力事故故障対策室長
平成15年7月	経済産業省原子力安全・保安院原子力発電検査課総括電気工作物検査官（併）原子力防災課原子力防災広報室長（併）原子力事故故障対策室長
平成16年6月	経済産業省原子力安全・保安院ガス安全課長
平成18年7月	独立行政法人原子力安全基盤機構総務グループ長
平成19年7月	独立行政法人原子力安全基盤機構企画グループ長
平成20年7月	経済産業省原子力安全・保安院原子力安全技術基盤課長
平成22年7月	経済産業省大臣官房付
平成22年10月	財団法人地球環境産業技術研究機構研究企画グループリーダー
平成23年3月	経済産業省原子力安全・保安院付
平成23年5月	経済産業省原子力安全・保安院電力安全課長
平成23年9月	経済産業省原子力安全・保安院原子力発電検査課長
平成24年9月	原子力規制庁安全規制管理官（BWR担当）
平成25年4月	原子力規制庁審議官
平成27年7月	原子力規制庁長官官房緊急事態対策監
令和元年7月	原子力規制庁長官官房審議官

趣味　ゴルフ

原子力規制庁長官官房審議官

Director-General for Nuclear Regulation Policy

金 子 修 一（かねこ　しゅういち）

昭和40年11月15日生．神奈川県出身．AB型
神奈川県立光陵高校，東京工業大学工学部無機材料工学科，東京工業大学理工学研究科無機材料工学専攻，オレゴン大学計画・公共政策・管理学科地域計画学修士

平成 2 年 4 月	通商産業省入省（基礎産業局総務課）
平成 3 年 6 月	基礎産業局基礎化学品課
平成 4 年 7 月	機械情報産業局情報処理振興課
平成 6 年 6 月	産業政策局総務課
平成 7 年 6 月	産業政策局産業構造課
平成 8 年 6 月	環境立地局立地政策課
平成10年 6 月	米国留学（オレゴン大学）
平成12年 6 月	大臣官房秘書課
平成12年 9 月	機械情報産業局産業機械課
平成14年 4 月	経済産業省資源エネルギー庁電力・ガス事業部電力基盤整備課
平成16年 6 月	経済産業省原子力安全・保安院企画調整課
平成17年 6 月	経済産業省大臣官房秘書課
平成18年 7 月	経済産業省大臣官房秘書課企画調査官
平成19年 4 月	山口県警察本部警務部長
平成21年 7 月	経済産業省製造産業局航空機武器宇宙産業課宇宙産業室長
平成23年 8 月	内閣官房原子力安全規制組織等改革準備室参事官
平成24年 7 月	経済産業省原子力安全・保安院原子力防災課長（兼）内閣官房原子力安全規制組織等改革準備室参事官
平成24年 9 月	原子力規制庁原子力防災課長
平成26年10月	原子力規制庁長官官房人事課長
平成28年 6 月	原子力規制庁長官官房総務課制度改正審議室統括調整官
平成29年 7 月	原子力規制庁原子力規制部検査監督総括課長（兼）長官官房緊急事案対策室長
令和元年 7 月	原子力規制庁長官官房審議官

原子力規制庁長官官房総務課長
Director, General Affairs Division

児 嶋 洋 平 (こじま　ようへい)

昭和44年6月3日生．滋賀県出身．
滋賀県立膳所高校，国立京都大学法学部

平成5年4月　　警察庁入庁
平成24年3月　　警視庁組織犯罪対策部組織犯罪対策総務課長
平成26年3月　　新潟県警察本部警務部長
平成27年3月　　警察庁警備局警備課災害対策室長
平成29年7月　　原子力規制庁長官官房放射線防護グループ安全規制管理
　　　　　　　　官（核セキュリティ担当）
令和元年7月　　原子力規制庁長官官房総務課長

原子力規制庁長官官房総務課地域原子力規制総括調整官（青森担当）
Regional Administrator for Aomori Area

前 川 之 則（まえかわ　ゆきのり）

昭和30年9月6日生．石川県出身．AB型
国立金沢大学附属高校，富山大学工学部機械工学科

昭和54年4月	通商産業省入省（資源エネルギー庁火力課）
昭和59年4月	資源エネルギー庁原子力発電安全審査課
昭和62年2月	資源エネルギー庁省エネルギー対策室
平成元年4月	工業技術院研究業務課
平成3年1月	財団法人原子力工学試験センター出向
平成4年4月	資源エネルギー庁原子力発電安全企画審査課
平成7年4月	資源エネルギー庁原子力発電運転管理室
平成9年6月	国際原子力機関（IAEA）広報部
平成12年6月	資源エネルギー庁電力技術課
平成13年1月	経済産業省原子力安全・保安院電力安全課
平成15年7月	経済産業省原子力安全・保安院原子力安全技術基盤課
平成18年6月	経済産業省原子力安全・保安院統括安全審査官
平成19年4月	経済産業省原子力安全・保安院原子力発電検査課高経年化対策室長
平成21年7月	経済産業省原子力安全・保安院原子力防災課長
平成23年7月	独立行政法人原子力安全基盤機構
平成26年3月	原子力規制庁放射線防護対策部原子力防災業務管理官
平成26年10月	原子力規制庁原子力規制部安全規制管理官（廃棄物・貯蔵・輸送担当）
平成28年	原子力規制庁長官官房総務課地域原子力規制総括調整官（青森担当）

原子力規制庁

原子力規制庁長官官房総務課地域原子力規制総括調整官（福島担当）
Regional Administrator for Fukushima Area

南　山　力　生（みなみやま　りきお）

原子力規制庁長官官房総務課地域原子力規制総括調整官（福井担当）
Regional Administrator for Fukui Area

西　村　正　美（にしむら　まさみ）

昭和32年2月12日生. 富山県出身. O型
富山県立新湊高校，富山大学工学部工業化学科

昭和55年4月	通商産業省入省（生活産業局総務課）
昭和57年4月	生活産業局紙業課（紙業印刷業課を含む）
昭和61年4月	生活産業局繊維製品課
平成元年5月	工業技術院標準部繊維化学規格課
平成3年8月	環境立地局保安課
平成6年6月	海外経済協力基金
平成9年7月	基礎産業局総務課化学物質管理促進室（化学物質管理課を含む）
平成12年7月	製品評価技術センター（独立行政法人製品評価技術基盤機構を含む）バイオテクノロジーセンター計画課
平成14年6月	経済産業省産業技術環境局知的基盤課
平成17年6月	経済産業省原子力安全・保安院保安課
平成18年8月	経済産業省製造産業局化学物質管理課化学物質管理企画官
平成21年7月	経済産業省製造産業局伝統的工芸品産業室長
平成22年7月	経済産業省原子力安全・保安院統括安全審査官
平成24年9月	原子力規制庁安全規制調整官
平成26年3月	原子力安全人材育成センター人材育成・研修企画課長
平成27年	原子力規制庁原子力規制部安全管理調査官
	原子力規制庁原子力規制部原子力規制企画課企画官
	原子力規制庁長官官房総務課地域原子力規制総括調整官（福井担当）

主要著書・論文 『バイオサイエンスとインダストリー』Vol.61 No 8 (03)：「バイオ分野での戦略的な計量標準の整備について」
趣味　アクアリウム，スキー
好きな言葉　前向き
尊敬する人　織田信長

原子力規制庁

原子力規制庁長官官房総務課監査・業務改善推進室長

本　橋　隆　行（もとはし　たかゆき）

平成10年 4 月	科学技術庁研究開発局企画課
平成11年 4 月	文部省教育助成局財務課
平成13年 1 月	文部科学省高等教育局留学生課留学生教育企画室
平成13年 4 月	原子力安全・保安院企画調整課審議班審議係長
平成14年 7 月	原子力安全・保安院企画調整課企画班企画係長
平成15年 3 月	資源エネルギー庁電力・ガス事業部核燃料サイクル産業企画調整一係長
平成16年 7 月	文部科学省大臣官房総務課行政改革推進室専門職（併）内閣官房副長官補付
平成16年10月	文部科学省大臣官房総務課専門官（併）内閣官房副長官補付
平成18年 1 月	研究振興局基礎基盤研究課量子放射線研究推進室長補佐
平成18年 4 月	研究振興局基礎基盤研究課量子放射線研究推進室長補佐（併）内閣府原子力専門調査官（政策統括官（科学技術政策担当）付参事官付）
平成19年 7 月	原子力安全・保安院原子力発電安全審査課課長補佐
平成21年 8 月	熊取町住民部統括理事
平成23年 8 月	文部科学省研究開発局原子力課専門官
平成14年 4 月	大臣官房政策課課長補佐（併）内閣官房副長官補付（命）内閣官房知的財産戦略推進事務局局員
平成26年 4 月	山形大学特任教授
平成27年 4 月	国立研究開発法人日本医療研究開発機構臨床研究・治験基盤事業部次長
令和元年 7 月	原子力規制庁長官官房総務課監査・業務改善推進室長

原子力規制庁長官官房総務課広報室長

村 田 真 一 （むらた　しんいち）

平成25年7月	原子力規制庁原子力規制部安全規制管理官（BWR担当）付
平成27年9月	原子力規制庁原子力規制部原子力規制企画課
平成28年2月	原子力規制庁長官官房原子力災害対策・核物質防護課原子力事業者防災・訓練推進官
平成29年7月	原子力規制庁長官官房総務課事故対処室長／緊急事案対策室副室長
令和2年	原子力規制庁長官官房総務課広報室長

原子力規制庁

原子力規制庁長官官房総務課国際室長

一 井 直 人 （いちい　なおと）

令和元年　　　原子力規制庁長官官房総務課国際室長

原子力規制庁長官官房総務課事故対処室長
Head, Accidents Response Office

金 子 真 幸（かねこ　まさゆき）

令和2年　　　原子力規制庁長官官房総務課事故対処室長

原子力規制庁長官官房政策立案参事官

黒　川　陽一郎（くろかわ　よういちろう）

昭和48年2月8日生．三重県出身．A型
私立高田高校，東京大学法学部

平成7年4月　　環境庁入庁
平成14年7月　　環境省環境管理局水環境部土壌環境課長補佐
平成15年4月　　内閣官房副長官補室参事官補佐
平成17年9月　　環境省地球環境局地球温暖化対策課長補佐
平成18年9月　　環境省自然環境局総務課長補佐
平成20年3月　　内閣官房副長官補室参事官補佐
平成21年7月　　環境省総合環境政策局環境計画課長補佐
平成22年7月　　滋賀県琵琶湖環境部自然環境保全課長
平成24年7月　　環境省大臣官房政策評価広報課長補佐
平成25年7月　　環境省総合環境政策局環境保健部企画課長補佐
平成26年7月　　経済産業省四国経済産業局総務企画部長
平成29年7月　　環境省環境再生・資源循環局放射性物質汚染廃棄物対策
　　　　　　　　室長
令和元年9月　　原子力規制庁長官官房総務課法務調査室長
令和2年　　　　原子力規制庁長官官房政策立案参事官

趣味　マラソン，自転車，クイズ，囲碁

原子力規制庁長官官房サイバーセキュリティ・情報化参事官

足 立 敏 通 （あだち　としみち）

	原子力規制庁長官官房総務課情報システム管理官
令和元年	原子力安全人材育成センター副所長（兼）原子炉技術研修課長
令和2年	原子力規制庁長官官房サイバーセキュリティ・情報化参事官

原子力規制庁長官官房総務課法令審査室長

吉 野 亜 文 (よしの あや)

環境省自然環境局総務課長補佐
令和 2 年 8 月　原子力規制庁長官官房総務課法令審査室長

原子力規制庁長官官房総務課法令審査室企画調整官

香 具 輝 男（こうぐ　てるお）

大阪府出身.
大阪府立四條畷高校，京都大学

平成11年4月	環境庁入庁
平成30年8月	環境省大臣官房総務課課長補佐（秘書課 併任）
令和2年4月	原子力規制庁長官官房総務課企画官
令和2年4月	原子力規制庁長官官房総務課法令審査室企画調整官

原子力規制庁長官官房総務課法令審査室企画調整官

齋 藤 哲 也（さいとう　てつや）

令和元年　　　原子力規制庁長官官房法規部門企画調整官
令和2年　　　原子力規制庁長官官房総務課法令審査室企画調整官

原子力規制庁長官官房人事課長

金 城 慎 司 （きんじょう　しんじ）

沖縄県出身.
東京大学工学部，（英）Warwick大学経済学部（修士）

平成21年5月	経済産業省経済産業政策局調査統計部総合調整室
平成22年7月	独立行政法人新エネルギー・産業技術総合開発機構総務企画部企画業務課長
平成23年3月	経済産業省原子力安全・保安院付
平成23年4月	経済産業省内閣府原子力被災者生活支援チーム事務局（兼）原子力安全・保安院付
平成24年7月	経済産業省原子力安全・保安院東京電力福島第一原子力発電所事故対策室長
平成24年9月	原子力規制庁東京電力福島第一原子力発電所事故対策室長
平成28年2月	原子力規制庁長官官房総務課広報室長
平成29年7月	原子力規制庁原子力規制部安全規制管理官（核燃料施設等監視担当）
令和元年	原子力規制庁長官官房人事課長

原子力規制庁

原子力規制庁長官官房人事課企画官（服務・人事制度・厚生企画担当）

冨 田 秀 俊 （とみた　ひでとし）

昭和36年10月14日生．山口県出身．
山口県立下関西高等学校，青山学院大学文学部

昭和60年 4 月	通商産業省入省（資源エネルギー庁公益事業部開発課）
昭和63年 4 月	基礎産業局総務課
平成 2 年 4 月	産業政策局物価対策室
平成 4 年 4 月	大臣官房秘書課（政務次官付主任）
平成 6 年 6 月	機械情報産業局車両課総括係長
平成 8 年 7 月	国土庁大都市圏整備局計画課主査
平成10年 5 月	産業政策局総務課庶務室人事係長
平成13年 4 月	中小企業総合事業団機械保険部契約課調査役
平成15年 6 月	経済産業省産業技術環境局大学連携推進課技術調査専門職
平成18年 7 月	資源エネルギー庁電力・ガス事業部政策課長補佐
平成20年 6 月	経済産業政策局産業構造課経済社会政策室長補佐
平成22年 6 月	大臣官房政策評価広報課長補佐
平成24年 1 月	内閣府公益認定等委員会事務局審査監督調査官
平成26年 4 月	経済産業省中小企業庁事業環境部消費税転嫁対策室転嫁対策調査官
平成29年 7 月	商務流通保安グループ業務管理官室長
平成29年 7 月	商務・サービスグループ業務管理官室長
令和 2 年 4 月	原子力規制庁長官官房人事課企画官（服務・人事制度・厚生企画担当）

原子力規制庁長官官房人事課企画調査官（地方事務所統括担当）

忠　内　厳　大（ただうち　いつお）

令和2年4月　原子力規制庁長官官房人事課企画調査官（地方事務所統
　　　　　　　括担当）

原子力規制庁

原子力規制庁長官官房人事課企画調査官
Personal Planning Officer, Personnel Division, Secretary‐General's
Secretariat, The Secretariat of the NRA

奥　　博　貴（おく　ひろたか）

昭和53年10月6日生．岡山県出身．
滋賀県立膳所高等学校，
同志社大学大学院工学研究科工業化学専攻

平成15年4月	文部科学省研究開発局原子力課
平成17年1月	科学技術・学術政策局調査調整課
平成18年4月	環境省水・大気環境局総務課環境管理技術室
平成19年7月	文部科学省高等教育局大学振興課大学改革推進室大学院係長
平成21年4月	内閣府原子力安全委員会事務局管理環境課補佐
平成23年4月	文部科学省科学技術・学術政策局国際交流官付補佐
平成25年1月	科学技術・学術政策局産業連携・地域支援課補佐
平成25年7月	大臣官房総務課広報室専門官
平成27年7月	原子力規制庁長官官房放射線防護グループ放射線対策・保障措置課補佐
平成29年7月	原子力規制庁長官官房放射線防護グループ放射線規制部門補佐
平成30年5月	原子力規制庁長官官房放射線防護グループ核セキュリティ部門補佐
令和2年8月	原子力規制庁長官官房人事課企画調査官

原子力規制庁長官官房参事官（会計担当）

伊　藤　隆　行（いとう　たかゆき）

原子力規制庁長官官房参事官（会計担当）

原子力規制庁長官官房会計部門経理調査官

藤　野　広　秋 （ふじの　ひろあき）

昭和59年 4 月　通商産業省入省
平成27年 6 月　経済産業省大臣官房会計課政府調達専門官
平成28年 6 月　経済産業省大臣官房会計課監査官
令和元年 6 月　原子力規制庁長官官房会計部門経理調査官

原子力規制庁長官官房会計部門上席会計監査官

髙 畑 康 之 (たかはた　やすゆき)

昭和39年 4 月 7 日生．東京都出身．
明治大学

平成元年 4 月	通商産業省生活産業局通商課
平成17年 7 月	経済産業省通商政策局業務管理官室人事係長
平成19年 6 月	通商政策局米州課課長補佐（カナダ担当）
平成21年 7 月	資源エネルギー庁長官官房業務管理官室課長補佐（人事総括担当）
平成24年 9 月	原子力損害賠償支援機構（現 原子力損害賠償・廃炉等支援機構）審議役
平成27年 7 月	経済産業省中小企業庁事業環境部取引課統括官公需対策官
平成29年 4 月	内閣府地域原子力防災推進官（政策統括官（原子力防災担当）付参事官（地域防災・訓練担当）付）
令和元年 7 月	原子力規制庁長官官房会計部門上席会計監査官

原子力規制庁

原子力規制庁長官官房参事官（法務担当）

布　村　希志子（ぬのむら　きしこ）

	静岡地方検察庁沼津支部検事
平成31年4月	東京高等検察庁検事兼東京地方検察庁検事
令和2年4月	原子力規制庁長官官房参事官（法務担当）

原子力規制庁長官官房法務部門上席訟務調整官

笠 原 達 矢 (かさはら　たつや)

令和2年　　　原子力規制庁長官官房法務部門上席訟務調整官

原子力規制庁長官官房法務部門上席訟務調整官

宮 﨑　　健（みやざき　たける）

令和2年　　　原子力規制庁長官官房法務部門上席訟務調整官

原子力規制庁長官官房緊急事案対策室企画調整官

児　玉　　　智（こだま　さとし）

令和元年　　　原子力規制庁長官官房緊急事案対策室企画調整官

原子力規制庁長官官房委員会運営支援室長

西 沢 正 剛 （にしざわ　まさたけ）

平成30年5月　経済産業省経済産業研修所管理課長
令和2年4月　原子力規制庁長官官房委員会運営支援室長

原子力規制庁長官官房技術基盤課長

遠 山 　 眞（とおやま　まこと）

昭和29年3月29日生．東京都出身．
東京大学工学部，
東京大学大学院（工修）

令和元年7年　原子力規制庁長官官房技術基盤課長

原子力規制庁長官官房安全技術管理官（システム安全担当）

田　口　清　貴（たぐち　きよたか）

平成26年3月	原子力規制庁長官官房首席技術研究調査官（核燃料・材料担当）
令和2年	原子力規制庁長官官房安全技術管理官（システム安全担当）

原子力規制庁長官官房首席技術研究調査官

大 橋 守 人 （おおはし　もりと）

令和元年　　　原子力規制庁長官官房首席技術研究調査官

原子力規制庁長官官房安全技術管理官（シビアアクシデント担当）
Director, Division for Severe Accident Research, Secretariat of the
Nuclear Regulation Authority

舟 山 京 子（ふなやま　きょうこ）

平成26年3月　原子力規制庁長官官房首席技術研究調査官（環境影響評
価担当）

平成30年7月　原子力規制庁長官官房安全技術管理官（シビアアクシデ
ント担当）

原子力規制庁長官官房首席技術研究調査官

中 村 英 孝 (なかむら ひでたか)

令和元年　　　原子力規制庁長官官房首席技術研究調査官

原子力規制庁

原子力規制庁長官官房安全技術管理官（核燃料廃棄物担当）

迎 　　　隆（むかえ　たかし）

平成26年3月　原子力規制庁安全技術管理官（核燃料廃棄物担当）付企
　　　　　　　画官
平成27年4月　原子力規制庁長官官房技術基盤課企画調整官
平成28年4月　原子力規制庁長官官房首席技術研究調査官
平成29年4月　原子力規制庁長官官房安全技術管理官（核燃料廃棄物担
　　　　　　　当）

原子力規制庁長官官房企画官

萩 沼 真 之 (はぎぬま まさし)

令和元年　　　原子力規制庁長官官房企画官

原子力規制庁長官官房首席技術研究調査官（廃棄物処分・廃棄・廃止措置担当）
Secretariat of Nuclear Regulation Authority, Principal Researcher

山　田　憲　和 （やまだ　のりかず）

平成26年3月　原子力規制庁長官官房首席技術研究調査官（廃棄物処分・廃棄・廃止措置担当）

原子力規制庁長官官房安全技術管理官 （地震・津波担当）

川　内　英　史 （かわうち　ひでふみ）

平成26年3月　原子力規制庁長官官房首席技術研究調査官 （建築・機
　　　　　　　器・経年・構造担当）
　　　　　　　原子力規制庁長官官房安全技術管理官 （地震・津波担当）

原子力規制庁

原子力規制庁長官官房首席技術研究調査官（地震動・津波担当）
Secretariat of Nuclear Regulation Authority, Principal Researcher

杉　野　英　治（すぎの　ひではる）

令和2年　　　原子力規制庁長官官房首席技術研究調査官（地震動・津
　　　　　　　波担当）

原子力規制庁長官官房放射線防護企画課長

小　野　祐　二 （おの　ゆうじ）

平成25年4月	原子力規制庁原子力規制部安全規制調整官
平成28年4月	原子力規制庁原子力規制部安全規制管理官（BWR担当）
平成29年7月	原子力規制庁原子力規制部安全規制管理官（実用炉審査担当）
令和元年	原子力規制庁原子力規制部安全規制管理官（研究炉等審査担当）
令和2年	原子力規制庁長官官房放射線防護企画課長

原子力規制庁長官官房放射線防護企画課企画官（被ばく医療担当）

高　山　　研（たかやま　けん）

東京都出身.

平成17年4月	厚生労働省入省
平成30年4月	厚生労働省健康局健康課長補佐
平成30年7月	厚生労働省労働基準局安全衛生部労働衛生課主任中央じん肺診査医・労働衛生管理官
令和元年9月	原子力規制庁長官官房放射線防護企画課企画官（被ばく医療担当）

資格　医師免許
趣味　サッカー，フットサル
学生時代の所属部　サッカー部

原子力規制庁長官官房放射線防護企画課企画官（企画調査担当）

田　中　　桜（たなか　さくら）

香川県出身.
高松高校，滋賀医科大学医学部医学科，
九州大学大学院医学研究院

平成24年6月	厚生労働省健康局疾病対策課課長補佐
平成26年4月	厚生労働省障害保健福祉部企画課課長補佐
平成27年4月	厚生労働省雇用均等・児童家庭局母子保健課課長補佐
平成29年4月	厚生労働省政策統括官付保険統計室室長補佐
平成29年7月	原子力規制庁長官官房放射線防護企画課企画官（被ばく医療担当）
令和元年9月	原子力規制庁長官官房放射線防護企画課企画官（企画調査担当）

資格　医師免許
趣味　ランニング

原子力規制庁長官官房放射線防護企画課企画調査官（制度・国際・地域担当）

重 山　　優（しげやま　まさる）

令和2年　　　原子力規制庁長官官房放射線防護企画課企画調査官（制度・国際・地域担当）

原子力規制庁長官官房放射線防護企画課保障措置室長

寺 崎 智 宏 (てらさき　ともひろ)

昭和53年1月1日生.
京都大学大学院生命科学研究科中退

平成14年4月	文部科学省研究振興局振興企画課
平成15年3月	科学技術・学術政策局政策課
平成16年4月	初等中等教育局参事官付
平成17年4月	初等中等教育局参事官企画係長
平成18年6月	大臣官房人事課計画調整班専門職長期在外研究員（ハーバード大学、コロンビア大学）
平成20年6月	科学技術・学術政策局原子力安全課保障措置室専門職
平成21年7月	科学技術・学術政策局原子力安全課保障措置室補佐
平成22年4月	研究開発局開発企画課核不拡散・保障措置室補佐
平成22年7月	研究振興局研究環境・産業連携課補佐
平成23年4月	科学技術・学術政策局産業連携・地域支援課課長補佐
平成25年7月	株式会社産業革新機構戦略投資グループ参事
平成28年1月	文部科学省科学技術・学術政策局産業連携・地域支援課地域支援企画官
平成29年7月	原子力規制庁長官官房放射線防護企画課保障措置室査察官
平成29年8月	国際原子力機関保障措置局概念・計画部訓練課上席保障措置訓練官
令和2年8月	原子力規制庁長官官房放射線防護企画課保障措置室長

原子力規制庁

原子力規制庁長官官房監視情報課長

村 山 綾 介（むらやま　りょうすけ）

東京大学工学部

平成27年8月	研究開発局原子力課廃炉技術開発企画官
平成29年5月	内閣府政策統括官（科学技術・イノベーション担当）付参事官（法制度改革担当）付企画官
平成30年7月	文部科学省研究開発局地震・防災研究課防災科学技術推進室長
令和元年7月	原子力規制庁長官官房政策立案参事官
令和2年7月	原子力規制庁長官官房監視情報課長

原子力規制庁長官官房監視情報課企画官（制度・技術・国際担当）

菊 池 清 隆（きくち きよたか）

| 令和2年 | 原子力規制庁長官官房監視情報課企画官（制度・技術・国際担当） |

原子力規制庁長官官房監視情報課放射線環境対策室長

富　坂　隆　史 （とみさか　りゅうじ）

平成23年4月	環境省水・大気環境局水環境課閉鎖性海域対策室長
平成24年9月	ベトナム天然資源環境省
平成26年7月	環境省大臣官房総務課環境情報室長
平成27年	中間貯蔵・環境安全事業株式会社PCB処理事業部次長兼事業企画課長
平成29年4月	大臣官房付 出向・警察庁近畿管区警察局広域調整部長
令和元年7月	出向・原子力規制庁長官官房監視情報課放射線環境対策室長

原子力規制庁長官官房放射線防護グループ核セキュリティ部門安全規制管理官（核セキュリティ部門）事務代理

吉 川 元 浩 （よしかわ　もとひろ）

昭和42年 3 月19日生．大阪府出身．AB型

平成23年 9 月	原子力規制庁
平成28年 7 月	原子力規制庁核セキュリティ・核物質防護室室長補佐（総括担当）
平成30年 4 月	原子力規制庁長官官房放射線防護グループ核セキュリティ部門核物質防護指導官
令和 2 年 4 月	原子力規制庁長官官房放射線防護グループ核セキュリティ部門国際核セキュリティ専門官
令和 2 年10月	原子力規制庁長官官房放射線防護グループ核セキュリティ部門安全規制管理官（核セキュリティ部門）事務代理

原子力規制庁長官官房安全規制管理官（放射線規制担当）

宮　本　　久（みやもと　ひさし）

	文部科学省科学技術・学術政策局原子力安全課保安管理企画官　を経て
平成24年9月	原子力規制庁安全規制調整官
平成26年3月	原子力規制庁原子力規制部安全規制調整官
平成29年7月	原子力規制庁原子力規制部安全規制管理官（研究炉等審査担当）
令和元年	原子力規制庁長官官房安全規制管理官（放射線規制担当）

原子力規制庁長官官房放射線規制部門安全管理調査官（放射線安全担当）

鶴 園 孝 夫（つるぞの　たかお）

平成30年7月　原子力規制庁長官官房放射線規制部門安全管理調査官
　　　　　　　（放射線安全担当）

原子力規制庁長官官房放射線規制部門安全管理調査官（放射線セキュリ
ティ担当、制度担当）

伊　藤　博　邦（いとう　ひろくに）

	原子力規制庁長官官房放射線規制部門安全管理調査官 （放射線セキュリティ担当）
令和 2 年	原子力規制庁長官官房放射線規制部門安全管理調査官 （放射線セキュリティ担当、制度担当）

原子力規制庁長官官房放射線規制部門安全管理調査官（放射線安全担当）

宮　脇　　　豊（みやわき　ゆたか）

平成27年	原子力規制庁原子力規制部安全管理調査官
平成29年7月	原子力規制庁原子力規制部研究炉等審査部門安全管理調査官（新型炉担当）
平成30年7月	原子力規制庁原子力規制部核燃料施設審査部門安全管理調査官（再処理担当）
令和元年	原子力規制庁長官官房放射線規制部門安全管理調査官（放射線安全担当）

原子力規制庁

原子力規制庁原子力規制部長
Director-General,Nuclear Regulation Department

市 村 知 也 (いちむら　ともや)

昭和41年3月12日生.　神奈川県出身.　A型
神奈川県立多摩高校,　早稲田大学理工学部土木工学科,
早稲田大学大学院理工学研究科

平成2年4月	通商産業省入省（基礎産業局化学品安全課）
平成4年6月	国土庁大都市圏整備局計画課
平成6年6月	資源エネルギー庁原子力発電訟務室
平成7年7月	留学（スタンフォード大学）
平成9年6月	機械情報産業局電子政策課
平成11年6月	資源エネルギー庁原子力発電安全企画審査課
平成13年1月	経済産業省資源エネルギー庁原子力政策課
平成14年6月	国際原子力機関
平成17年7月	経済産業省原子力安全・保安院原子力事故故障対策室長
平成19年7月	経済産業省資源エネルギー庁長官官房総合政策課エネルギー戦略推進室長
平成23年7月	経済産業省原子力安全・保安院原子力安全技術基盤課長
平成24年9月	原子力規制庁安全規制管理官（ＰＷＲ・新型炉担当）
平成26年3月	原子力規制庁安全規制管理官（ＰＷＲ担当）
平成28年4月	原子力規制庁原子力規制部安全規制管理官（ＰＷＲ担当）
平成29年7月	原子力規制庁原子力規制部原子力規制企画課長
令和元年7月	原子力規制庁原子力規制部長

原子力規制庁原子力規制部原子力規制企画課長

森　下　　泰 (もりした　やすし)

昭和42年1月11日生. 広島県出身. O型
私立修道高校, 九州大学工学部航空工学科,
九州大学応用力学課程

平成4年4月	通商産業省入省
平成11年6月	機械情報産業局産業機械課技術班長
平成13年9月	地域振興整備公団地方拠点振興部企画調整課長
平成14年4月	地域振興整備公団地域産業振興部企画調整課長
平成16年6月	経済産業省原子力安全・保安院原子力発電検査課企画班長
平成18年6月	経済産業省原子力安全・保安院企画調整課総括班長（政策調整官補佐）
平成19年7月	経済産業省原子力安全・保安院電力安全課電気保安室長
平成20年4月	経済産業省原子力安全・保安院原子力事故故障対策・防災広報室長
平成21年6月	経済産業省原子力安全・保安院地域原子力安全統括管理官（若狭担当）（併）統括安全審査官
平成24年8月	経済産業省原子力安全・保安院高経年化対策室長（併）新型炉規制室長
平成24年9月	原子力規制庁安全規制調整官
平成26年3月	原子力規制庁原子力防災政策課長
平成26年10月	内閣府政策統括官（原子力防災担当）付参事官（総括担当）
平成28年6月	原子力規制庁長官官房人事課長
令和元年	原子力規制庁原子力規制部原子力規制企画課長

趣味　ウォーキング, 読書
学生時代の所属部　九大マンドリンクラブ

原子力規制庁

原子力規制庁原子力規制部原子力規制企画課企画調査官

西 崎 崇 徳 (にしざき　たかのり)

令和2年　　　原子力規制庁原子力規制部原子力規制企画課企画調査官

原子力規制庁原子力規制部原子力規制企画課火災対策室長

守 谷 謙 一（もりや　けんいち）

平成12年4月	総務省消防庁入庁
平成22年4月	総務省消防庁予防課消防技術政策室課長補佐
平成22年7月	総務省消防庁予防課違反処理対策官
平成23年4月	総務省消防庁予防課設備専門官 兼 同課長補佐
平成26年4月	都市消防局予防部担当部長
平成29年4月	総務省消防庁総務課消防技術専門官 兼 予防課長補佐 兼 予防課危険物保安室課長補佐
平成30年4月	総務省消防庁消防救急課救急企画室理事官 兼 消防技術専門官
令和2年4月	原子力規制庁原子力規制部原子力規制企画課火災対策室長

原子力規制庁

原子力規制庁原子力規制部東京電力福島第一原子力発電所事故対策室長
Director, Office for accident measures of Fukushima‐daiichi Nuclear
power station, Secretariat of Nuclear Regulation Authority

竹 内　　淳（たけうち　じゅん）

平成28年	原子力規制庁長官官房総務課企画調査官（地方事務所統括担当）
平成30年7月	原子力規制庁原子力規制部上席監視指導官
令和元年	原子力規制庁原子力規制部東京電力福島第一原子力発電所事故対策室長

原子力規制庁原子力規制部東京電力福島第一原子力発電所事故対策室企画調査官

澁 谷 朝 紀 （しぶたに　ともき）

平成26年4月	原子力規制庁原子力規制部安全規制調整官
平成29年7月	原子力規制庁原子力規制部核燃料施設審査部門安全規制調整官（埋設・廃棄物担当）
令和元年	原子力規制庁原子力規制部原子力規制企画課企画官（規制制度担当）
令和2年10月	原子力規制庁原子力規制部東京電力福島第一原子力発電所事故対策室企画調査官

原子力規制庁

原子力規制庁原子力規制部安全規制管理官（実用炉審査担当）

田　口　達　也（たぐち　たつや）

昭和49年7月17日生．岡山県出身．
岡山県立倉敷天城高校，大阪大学工学部土木工学科，
大阪大学大学院工学研究科土木工学専攻

平成11年4月	通商産業省入省
平成29年7月	原子力規制庁原子力規制部原子力規制企画課企画官（規制制度担当）
令和元年1月	原子力規制庁原子力規制部安全規制管理官（実用炉審査担当）

原子力規制庁原子力規制部実用炉審査部門安全管理調査官（実用炉審査
担当）

川　﨑　憲　二（かわさき　けんじ）

平成30年7月　　原子力規制庁原子力規制部実用炉審査部門安全管理調査
　　　　　　　　官（実用炉審査担当）

原子力規制庁原子力規制部実用炉審査部門安全管理調査官（審査担当）

天 野 直 樹 （あまの　なおき）

平成30年　　　原子力規制庁原子力規制部実用炉審査部門安全管理調査
　　　　　　　官（審査担当）

原子力規制庁原子力規制部実用炉審査部門安全規制調整官（審査担当）

渡　邉　桂　一（わたなべ　けいいち）

平成30年10月　原子力規制庁原子力規制部実用炉審査部門安全規制調整
　　　　　　　官（審査担当）

原子力規制庁

原子力規制庁原子力規制部実用炉審査部門安全管理調査官（審査担当）

岩 田 順 一（いわた　じゅんいち）

昭和43年4月1日生．神奈川県出身．A型
東京電機大学

昭和63年4月	科学技術庁入庁
平成10年7月	科学技術庁核燃料規制課規制第二係長
平成15年10月	原子力安全委員会事務局規制調査課規制調査官
平成19年4月	原子力安全保安院新型炉規制室新型炉班長
平成24年4月	（独）放射線医学総合研究所放射線安全課課長
平成28年8月	原子力規制庁地震・津波審査部門総括補佐
平成30年7月	原子力規制庁原子力規制部実用炉審査部門安全管理調査官（審査担当）

原子力規制庁原子力規制部実用炉審査部門安全管理調査官（実用炉審査担当）

藤 森 昭 裕 （ふじもり　あきひろ）

昭和46年1月28日生.
東京都立両国高等学校,
日本大学大学院生産工学研究科修了

平成7年4月	科学技術庁研究開発局宇宙開発課
平成9年4月	科学技術庁原子力安全局原子力安全課放射性廃棄物規制室
平成11年7月	科学技術振興局研究振興課理研係長
平成13年1月	文部科学省研究振興局基礎基盤研究課総合研究係長
平成14年3月	科学技術・学術政策局原子力安全課原子力規制室専門職
平成15年4月	科学技術・学術政策局原子力安全課放射線規制室総括係長（命）放射線検査官
平成17年4月	経済産業省原子力安全・保安院原子力発電安全審査課審査班審査係長
平成19年1月	文部科学省科学技術・学術政策局原子力安全課原子力規制室原子力施設検査官
平成20年7月	外務省在シアトル日本国総領事館
平成23年8月	文部科学省科学技術・学術政策局原子力安全課専門官
平成24年9月	科学技術・学術政策局放射線対策課専門官
平成25年4月	科学技術・学術政策局政策課専門官
平成25年7月	科学技術・学術政策局産業連携・地域支援課課長補佐
平成25年11月	大臣官房人事課専門官
平成28年7月	研究開発局宇宙開発利用課宇宙開発連携協力推進官
令和元年	原子力規制庁原子力規制部実用炉審査部門安全管理調査官（実用炉審査担当）

原子力規制庁原子力規制部安全規制管理官（研究炉等審査担当）

大 島 俊 之 （おおしま　としゆき）

北海道出身.
北海道大学工学部,
北海道大学大学院工学研究科

平成 5 年 4 月　科学技術庁科学技術政策局
平成19年 3 月　文部科学省研究開発局海洋地球課
平成19年 3 月　米国科学財団勤務
平成21年 7 月　経済産業省原子力安全・保安院統括安全審査官
令和 2 年 7 月　原子力規制庁原子力規制部安全規制管理官（研究炉等審
　　　　　　　　査担当）

原子力規制庁原子力規制部研究炉等審査部門安全規制調整官（試験炉担当）

戸ヶ崎　康 （とがさき　こう）

昭和43年 7 月 9 日生.
東海大学工学部航空宇宙学科

平成 4 年 4 月	科学技術庁原子力局調査国際協力課
平成 6 年 4 月	科学技術庁原子力安全局核燃料規制課核燃料物質輸送対策室
平成 7 年11月	科学技術庁原子力安全局核燃料規制課
平成 8 年 7 月	科学技術庁原子力安全局核燃料規制課規制第一係長
平成10年 4 月	科学技術庁原子力安全局原子炉規制課審査係長
平成12年 7 月	資源エネルギー庁公益事業部原子力発電安全企画審査課安全審査官
平成13年 1 月	原子力安全・保安院原子力安全審査課安全審査官
平成14年 4 月	文部科学省科学技術・学術政策局原子力安全課査察官
平成14年 9 月	国際原子力機関（オーストリア国ウィーンに派遣（18年 3 月まで））
平成18年 4 月	文部科学省科学技術・学術政策局原子力安全課原子力規制室原子力施設検査官
平成19年 1 月	文部科学省科学技術・学術政策局原子力安全課原子力規制室室長補佐
平成21年 4 月	放射線医学総合研究所基盤技術センター安全・施設部放射線安全課長
平成22年 9 月	文部科学省大臣官房人事課専門官
平成25年11月	原子力規制庁総務課課長補佐（採用担当）
平成26年 3 月	原子力規制庁原子力規制部原子力規制企画課課長補佐（総括担当）
平成27年 9 月	原子力規制庁長官官房企画官
令和元年	原子力規制庁原子力規制部研究炉等審査部門安全規制調整官（試験炉担当）

資格　第一種放射線取扱主任者免状取得

原子力規制庁

原子力規制庁原子力規制部研究炉等審査部門安全規制調整官

前 田 敏 克（まえだ としかつ）

令和元年　　原子力規制庁原子力規制部研究炉等審査部門安全規制調
　　　　　　整官

原子力規制庁原子力規制部安全規制管理官（核燃料施設審査担当）

長谷川　清　光（はせがわ　きよみつ）

原子力規制庁原子力規制部核燃料審査部門企画調整官

志　間　正　和（しま　まさかず）

平成25年8月	原子力規制庁原子力防災課事故対処室長
平成26年5月	原子力規制庁ＩＲＲＳ室企画官
	原子力規制庁原子力規制部安全規制調整官
平成29年7月	原子力規制庁原子力規制部検査監督総括課企画調査官
平成30年7月	原子力規制庁原子力規制部統括監視指導官
令和2年	原子力規制庁原子力規制部核燃料審査部門企画調整官

原子力規制庁原子力規制部核燃料施設審査部門安全管理調査官（貯蔵・輸送担当）

小　澤　隆　寛（おざわ　たかひろ）

令和2年　　　原子力規制庁原子力規制部核燃料施設審査部門安全管理
　　　　　　　調査官（貯蔵・輸送担当）

原子力規制庁

原子力規制庁原子力規制部核燃料施設審査部門企画調査官

石 井 敏 満（いしい　としみつ）

令和2年　　　原子力規制庁原子力規制部核燃料施設審査部門企画調査官

原子力規制庁原子力規制部核燃料施設審査部門企画調査官

古 作 泰 雄 (こさく　やすお)

令和2年　　　原子力規制庁原子力規制部核燃料施設審査部門企画調査官

原子力規制庁原子力規制部安全規制管理官（地震・津波審査担当）
Nuclear Safety Regulation Coordinator

大浅田　　薫（おおあさだ　かおる）

平成26年4月　原子力規制庁原子力規制部安全規制調整官
平成29年7月　原子力規制庁原子力規制部安全規制管理官（地震・津波
　　　　　　　審査担当）

原子力規制庁原子力規制部地震・津波審査部門安全規制調整官（地震安全対策担当）

内 藤 浩 行 （ないとう　ひろゆき）

平成27年	原子力規制庁原子力規制部安全管理調査官
平成29年7月	原子力規制庁原子力規制部地震・津波審査部門安全規制調整官（地震安全対策担当）

原子力規制庁

原子力規制庁原子力規制部地震・津波審査部門安全規制調整官（地震安全対策担当）

小山田　　巧 （こやまだ　たくみ）

昭和62年4月	通商産業省資源エネルギー庁入省
平成13年1月	経済産業省原子力安全・保安院放射性廃棄物規制課 係長
平成18年8月	経済産業省原子力安全・保安院美浜原子力保安検査官事務所 所長
平成24年7月	経済産業省原子力安全・保安院原子力発電安全審査課総括安全審査官
平成24年9月	原子力規制庁安全規制管理官（ＰＷＲ・新型炉担当）付企画調査官
平成25年6月	原子力規制庁総務課地域原子力規制統括管理官（若狭担当）
平成26年3月	原子力規制庁長官官房地域原子力規制総括調整官（福井担当）
平成29年4月	原子力規制庁原子力規制部実用炉審査部門安全規制調整官（実用炉審査担当）
平成30年12月	原子力規制庁原子力規制部地震・津波審査部門安全規制調整官（地震安全対策担当）

原子力規制庁原子力規制部地震・津波審査部門安全管理調査官（地震安全対策担当）

名 倉 繁 樹（なぐら　しげき）

平成29年7月	原子力規制庁原子力規制部安全管理調査官　を経て 原子力規制庁原子力規制部地震・津波審査部門安全管理 調査官（地震安全対策担当）

原子力規制庁

原子力規制庁原子力規制部検査監督総括課長（兼）長官官房緊急事案対策室長

古金谷　敏　之（こがねや　としゆき）

昭和43年5月2日生. 大阪府出身. AB型
私立清風南海学園，京都大学理学部，
京都大学大学院理学研究科（修士）

平成21年6月	日本貿易保険総務グループ長
平成23年6月	経済産業省原子力安全・保安院原子力事故故障対策・防災広報室長
平成24年9月	原子力規制庁原子力防災課事故対処室長
平成25年10月	経済協力開発機構原子力機関原子力安全専門官
平成28年7月	原子力規制委員会原子力規制庁長官官房制度改正審議室統括調整官
平成29年7月	原子力規制庁原子力規制部安全規制管理官（実用炉監視担当）
令和元年	原子力規制庁原子力規制部検査監督総括課長（兼）長官官房緊急事案対策室長

原子力規制庁原子力規制部検査監督総括課企画調整官

竹 本 　亮 （たけもと　あきら）

京都府出身.
大阪大学工学部,
大阪大学大学院工学研究科

平成 9 年 4 月	通商産業省入省
平成24年 9 月	原子力規制庁長官官房総務課課長補佐
平成26年10月	原子力規制庁長官官房人事課課長補佐
平成27年 8 月	原子力規制庁長官官房総務課法務室長
平成28年 7 月	原子力安全人材育成センター人材育成・研修企画課長
平成29年 4 月	原子力安全人材育成センター人材育成課長
令和 2 年	原子力規制庁原子力規制部検査監督総括課企画調整官

原子力規制庁原子力規制部検査監督総括課検査評価室長

布 田 洋 史 (ぬのた　ひろし)

平成29年7月　原子力規制庁原子力規制部検査監督総括課検査評価室長

原子力規制庁原子力規制部安全規制管理官（実用炉監視担当）

武　山　松　次（たけやま　しょうじ）

平成24年7月	経済産業省原子力安全・保安院統括安全審査官
平成24年9月	原子力規制庁安全規制管理官（廃棄物・輸送・貯蔵担当）付企画調査官
平成26年5月	原子力規制庁事故対処室長
平成27年5月	原子力規制庁総務課企画調査官
平成27年9月	原子力規制庁人事課企画官
平成28年4月	原子力規制庁原子力規制部安全規制調整官
平成29年4月	原子力規制庁長官官房監視情報課長
令和元年7月	原子力規制庁原子力規制部安全規制管理官（実用炉監視担当）

原子力規制庁

原子力規制庁原子力規制部統括監視指導官

髙 須 洋 司 (たかす ようじ)

平成29年7月　原子力規制庁原子力規制部統括監視指導官

原子力規制庁原子力規制部安全規制管理官（核燃料施設等監視担当）

門　野　利　之（かどの　としゆき）

	経済産業省原子力安全・保安院原子力発電安全審査課総括安全審査官　を経て
平成24年9月	原子力規制庁総務課企画調査官
平成27年	原子力規制庁原子力規制部首席原子力施設検査官
平成29年7月	原子力規制部安全規制管理官（専門検査担当）
令和元年	原子力規制庁原子力規制部安全規制管理官（核燃料施設等監視担当）

原子力規制庁

原子力規制庁原子力規制部核燃料施設等監視部門企画調査官

寒 川 琢 実 （さむかわ　たくみ）

平成26年3月　　原子力規制庁原子力規制部安全規制調整官
平成29年7月　　原子力規制庁原子力規制部実用炉審査部門安全規制調整
　　　　　　　　官（実用炉審査担当）
令和2年　　　　原子力規制庁原子力規制部核燃料施設等監視部門企画調
　　　　　　　　査官

原子力規制庁原子力規制部統括監視指導官

熊　谷　直　樹（くまがい　なおき）

平成29年7月　原子力規制庁原子力規制部統括監視指導官

原子力規制庁原子力規制部核燃料施設等監視部門企画調査官

栗　﨑　　博（くりさき　ひろし）

昭和43年11月 1 日生.
小山職業訓練大学校

平成元年 4 月	科学技術庁原子力安全局原子力安全課放射性廃棄物規制室
平成 3 年 4 月	科学技術庁原子力安全局原子炉規制課
平成 3 年 8 月	科学技術庁水戸原子力事務所
平成 6 年 4 月	科学技術庁原子力安全局原子炉規制課
平成 9 年 1 月	科学技術庁原子力安全局保障措置課
平成11年 4 月	科学技術庁原子力安全局核燃料規制課基準係長
平成13年 1 月	文部科学省科学技術・学術政策局原子力安全課原子力規制室
平成13年 4 月	文化庁長官官房著作権課マルチメディア著作権室集中管理係長
平成14年 4 月	文化庁長官官房著作権課マルチメディア著作権室普及係長
平成15年 4 月	文化庁長官官房著作権課マルチメディア著作権室著作権教育係長
平成15年 7 月	科学技術・学術政策局原子力安全課放射線規制室第 1 審査係長
平成16年10月	経済産業省原子力安全・保安院原子力安全技術基盤課安全審査官
平成18年 9 月	大臣官房総務課総務班大臣政務官室事務第二係長（秘書官事務取扱）
平成20年 4 月	大臣官房総務課専門館（秘書官事務取扱）
平成21年 9 月	科学技術・学術政策局原子力安全課放射線規制室専門官
令和 2 年	原子力規制庁原子力規制部核燃料施設等監視部門企画調査官

原子力規制庁原子力規制部安全規制管理官（専門検査担当）

杉 本 孝 信 （すぎもと　たかのぶ）

昭和42年7月20日生．山口県出身．O型
山口県立宇部高校，京都大学工学部数理工学科，
京都大学大学院工学研究科数理工学専攻

平成5年4月	通産省入省（工業技術院総務課）
平成6年6月	資源エネルギー庁原子力発電訟務室
平成8年5月	科学技術庁原子力局原子力調査室
平成10年6月	資源エネルギー庁総務課
平成10年10月	資源エネルギー庁原子力産業課
平成11年6月	機械情報産業局産業機械課国際プラント推進室
平成13年4月	産業技術環境局環境政策課環境指導室
平成14年4月	青森県商工観光労働部工業振興課長
平成16年6月	原子力安全・保安院電力安全課
平成18年6月	在チリ日本国大使館一等書記官
平成21年7月	資源エネルギー庁電力・ガス事業部原子力発電立地対策・広報室長
平成24年4月	資源エネルギー庁電力・ガス事業部付（併）復興庁福島復興局付
平成24年9月	資源エネルギー庁電力・ガス事業部原子力政策課企画官（原子力政策担当）
平成26年7月	中小企業基盤整備機構経営支援部審議役
平成26年10月	内閣府政策統括官（原子力防災担当）付参事官（地域防災・訓練担当）
平成28年6月	新潟県総務管理部長
平成30年4月	原子力規制委員会原子力規制庁長官官房政策立案参事官
令和元年7月	原子力規制庁原子力規制部安全規制管理官（専門検査担当）

趣味　剣道，スキー

原子力規制庁原子力規制部専門検査部門首席原子力専門検査官

山　元　義　弘 (やまもと　よしひろ)

平成30年7月　　原子力規制庁原子力規制部専門検査部門首席原子力専門
　　　　　　　　検査官

原子力規制庁原子力規制部専門検査部門首席原子力専門検査官

大　東　　誠（おおひがし　まこと）

平成26年3月	原子力規制庁原子力規制部首席原子力施設検査官
平成29年7月	原子力規制庁原子力規制部核燃料施設等監視部門首席原子力専門検査官
令和2年	原子力規制庁原子力規制部専門検査部門首席原子力専門検査官

原子力規制庁

原子力規制庁原子力規制部専門検査部門上席原子力専門検査官

川　下　泰　弘 （かわしも　やすひろ）

	原子力規制庁原子力規制部安全管理調査官　を経て
平成29年7月	原子力規制庁原子力規制部専門検査部門上席原子力専門検査官

原子力規制庁原子力規制部専門検査部門上席原子力専門検査官

村　尾　周　仁 （むらお　しゅうじ）

平成26年3月　原子力規制庁入庁
平成29年7月　原子力規制庁原子力規制部専門検査部門上席原子力専門
　　　　　　　検査官

原子力規制庁原子力規制部専門検査部門上席原子力専門検査官

上　田　　洋（うえだ　ひろし）

令和2年　　　原子力規制庁原子力規制部専門検査部門上席原子力専門
　　　　　　　検査官

原子力規制庁原子力規制部専門検査部門企画調査官

小 坂 淳 彦 （こさか　あつひこ）

平成27年	原子力規制庁原子力規制部安全規制調整官
平成29年7月	原子力規制庁原子力規制部実用炉監視部門企画調査官
令和元年	
令和2年	原子力規制庁原子力規制部専門検査部門企画調査官

●施設等機関・地方環境事務所 国立研究開発法人

環境省環境調査研修所長（併）総合環境政策統括官

和　田　篤　也（わだ　とくや）

北海道出身.
北海道立帯広柏葉高校，北海道大学工学部衛生工学科，
北海道大学大学院工学研究科情報工学専攻

昭和63年 4 月	環境庁入庁（大気保全局企画課）
平成 2 年 4 月	大阪府環境保健部環境局大気課
平成 4 年 4 月	環境庁国立環境研究所地球環境研究センター観測第 2 係長
平成 4 年10月	環境庁国立環境研究所地球環境研究センター（併）交流係長
平成 6 年 4 月	通商産業省工業技術院総務部ニューサンシャイン計画推進本部技術班長
平成 8 年 7 月	環境庁企画調整局環境影響評価課環境影響審査室審査官
平成10年 7 月	海外経済協力基金環境室環境社会開発課課長代理
平成11年10月	国際協力銀行環境社会開発室環境第 2 班副参事役
平成13年 9 月	環境省地球環境局環境保全対策課環境協力室室長補佐
平成14年10月	環境省地球環境局環境保全対策課課長補佐
平成14年10月	環境省地球環境局地球温暖化対策課国民生活対策室（併）室長補佐
平成16年 4 月	環境省総合環境政策局環境影響評価課課長補佐
平成17年 9 月	環境省総合環境政策局環境影響評価課環境影響審査室（併）室長補佐
平成18年10月	環境省地球環境局地球温暖化対策課国際対策室長
平成20年 8 月	環境省水・大気環境局土壌環境課地下水・地盤環境室長
平成21年 7 月	環境省総合環境政策局環境保健部企画課化学物質審査室長
平成23年 8 月	環境省地球環境局地球温暖化対策課調整官
平成24年 9 月	環境省地球環境局地球温暖化対策課長
平成26年 7 月	環境省廃棄物・リサイクル対策部廃棄物対策課長
平成28年 6 月	環境省大臣官房参事官（指定廃棄物対策担当）
平成29年 7 月	環境省環境再生・資源循環局総務課長
平成30年 4 月	環境省大臣官房審議官
平成30年 7 月	環境省大臣官房政策立案総括審議官
令和元年 7 月	大臣官房公文書監理官を兼任
令和 2 年 7 月	環境省環境調査研修所長（併）総合環境政策統括官

施設等機関

環境省環境調査研修所次長

西 山 理 行（にしやま　みちゆき）

昭和40年8月23日生. 神奈川県出身.
神奈川県立希望ヶ丘高校, 筑波大学第二学群生物学類,
筑波大学大学院環境科学研究科

平成2年4月	環境庁入庁（大臣官房秘書課）
平成2年4月	環境庁富士箱根伊豆国立公園管理事務所
平成4年4月	環境庁自然保護局計画課
平成5年7月	（北海道庁自然保護課）
平成7年4月	環境庁自然保護局施設整備課
平成9年4月	環境庁東北地区自然保護事務所西目屋分室
平成10年12月	環境庁自然保護局企画調整課自然ふれあい推進室
平成13年1月	環境省中部地区自然保護事務所名古屋支所
平成15年4月	環境省中部地区自然保護事務所
平成17年4月	環境省沖縄奄美地区自然保護事務所（17. 10～那覇自然環境事務所）
平成19年4月	環境省自然環境局野生生物課
平成22年4月	環境省自然環境局総務課動物愛護管理室長
平成24年9月	北海道地方環境事務所釧路自然環境事務所長
平成28年4月	環境省自然環境局自然環境計画課生物多様性施策推進室長
平成29年7月	環境省自然環境局野生生物課鳥獣保護管理室長
令和元年7月	復興庁統括官付参事官
令和2年7月	環境省環境調査研修所次長

環境省環境調査研修所国立水俣病総合研究センター所長 兼 大臣官房審議官
Director General/Councillor, Minister's Secretariat

森 光 敬 子 (もりみつ けいこ)
昭和43年2月7日生. 福岡県出身.
佐賀医科大学医学部

平成4年	厚生省入省
平成25年4月	国立感染症研究所企画調整主幹
平成26年6月	独立行政法人日本医療研究開発機構担当室企画官
平成27年4月	国立研究開発法人日本医療研究開発機構戦略推進部次長
平成28年6月	厚生労働省医政局研究開発振興課長 (再生医療等研究推進室長 併任)
平成30年7月	厚生労働省保険局医療課長
令和2年8月	環境省環境調査研修所国立水俣病総合研究センター所長 兼 大臣官房審議官

環境省環境調査研修所国立水俣病総合研究センター次長

眼　目　佳　秀 （さっか　よしひで）

令和 2 年 9 月　環境省環境調査研修所国立水俣病総合研究センター次長

原子力安全人材育成センター副所長
Deputy Director‐General

大 向 繁 勝（おおむかい　しげかつ）

昭和39年1月11日生.
中央大学理工学部工業化学科

平成2年4月	科学技術庁長官官房秘書課
平成2年4月	科学技術庁原子力局調査国際協力課調査統計室
平成5年1月	科学技術庁原子力安全局保障措置課
平成6年5月	放射線医学総合研究所管理部庶務課
平成6年7月	科学技術庁原子力安全局原子力安全課安全対策第一係長
平成7年5月	科学技術庁原子力安全局原子力安全課防災環境対策室総合評価係長
平成8年4月	水戸原子力事務所規制係長
平成10年5月	科学技術庁原子力安全局燃料規制課規則第一係長
平成12年9月	科学技術庁原子力安全局燃料規制課安全審査官
平成12年9月	国際原子力機関（オーストリア国ウィーン）に派遣（15・9まで）
平成13年1月	文部科学省科学技術・学術政策局原子力安全課査察官
平成16年10月	文部科学省科学技術・学術政策局原子力安全課原子力規制室補佐
平成17年12月	文部科学省科学技術・学術政策局原子力安全課原子力規制室核物質防護検査官
平成19年1月	文部科学省大臣官房人事課専門官
平成22年9月	経済産業省原子力安全・保安院核燃料サイクル規制課課長補佐
平成24年4月	原子力安全委員会事務局規制調査対策官
平成24年9月	原子力規制庁総務課企画官
平成26年3月	原子力規制庁長官官房人事企画官
平成27年9月	原子力規制庁原子力規制部安全規制管理官（新型炉・試験研究炉・廃止措置担当）付安全規制調整官（試験研究炉担当）
平成29年7月	原子力規制庁原子力規制部研究炉等審査部門安全規制調整官（試験炉担当）
平成31年1月	原子力規制庁長官官房人事課人事企画官（採用・任用・人材育成担当）
令和2年10月	原子力安全人材育成センター副所長

施設等機関

原子力安全人材育成センター人材育成課長

山　口　道　夫（やまぐち　みちお）

平成29年7月　原子力規制庁原子力規制部実用炉審査部門安全管理調査
　　　　　　　官（実用炉審査担当）
令和2年　　　原子力安全人材育成センター人材育成課長

原子力安全人材育成センター総合研修課長（兼）規制研修課長

野　村　優　子（のむら　ゆうこ）

平成30年7月　原子力安全人材育成センター国際研修課長
令和元年　　　原子力安全人材育成センター総合研修課長（兼）規制研
　　　　　　　修課長

原子力安全人材育成センター原子炉技術研修課長

渡　部　和　之（わたべ　かずゆき）

令和2年　　　原子力安全人材育成センター原子炉技術研修課長

環境省北海道地方環境事務所長
Superintendent, Hokkaido Regional Environment Office

安 田 直 人 (やすだ　なおと)

昭和37年3月4日生．東京都杉並区出身．
都立石神井高校，岐阜大学農学部，
岐阜大学大学院農学研究科，筑波大学大学院環境科学研究科

平成21年4月	環境省自然環境局総務課課長補佐
平成22年4月	環境省中部地方環境事務所保全統括官
平成24年4月	秦野市環境産業部環境共生専任参事
平成26年4月	環境省自然環境局野生生物課希少種保全推進室長
平成28年4月	環境省北海道地方環境事務所保全統括官
令和元年7月	環境省環境調査研修所次長
令和2年7月	環境省北海道地方環境事務所長

地方環境事務所

環境省東北地方環境事務所長
Director of Tohoku Regional Environment Office

中　山　隆　治（なかやま　りゅうじ）

平成21年 4 月	環境省自然環境局国立公園課長補佐
平成23年 7 月	環境省釧路自然環境事務所次長
平成25年 4 月	環境省自然環境局生物多様性センター長
平成28年 4 月	環境省信越自然環境事務所長
平成30年 7 月	内閣参事官（まち・ひと・しごと創生本部事務局）
	内閣府地方創生推進事務局参事官
令和 2 年 8 月	環境省東北地方環境事務所長

環境省福島地方環境事務所長
Superintendent of Fukushima Regional Environment Office

室 石 泰 弘 （むろいし　やすひろ）

昭和37年 1 月26日生．石川県出身．
東京大学工学部都市工学科，
東京大学大学院工学系研究科修士課程修了

平成16年 4 月	環境省東北地区環境対策調査官事務所長
平成17年10月	環境省水・大気環境局総務課ダイオキシン対策室長
平成18年 7 月	環境省総合環境政策局総務課環境研究技術室長
平成19年 7 月	環境省地球環境局地球温暖化対策課調整官
平成21年 7 月	環境省水・大気環境局水環境課閉鎖性海域対策室長
平成23年 4 月	環境省地球環境局地球温暖化対策課長
平成24年 9 月	原子力規制庁監視情報課長
平成26年 3 月	環境省大臣官房廃棄物・リサイクル対策部指定廃棄物対策担当参事官
平成28年 6 月	環境省大臣官房審議官
平成30年 4 月	環境省福島地方環境事務所長

環境省関東地方環境事務所長
Superintendent of Kanto Regional Environment Office

瀬　川　俊　郎（せがわ　としろう）

環境省中部地方環境事務所長
Superintendent, Chubu Regional Environment Office

秀　田　智　彦 (ひでた　ともひこ)

昭和36年12月26日生.　東京都出身.
東京農工大学農学部環境保護学科

昭和59年 4 月	環境庁入庁（長官官房秘書課）
昭和59年 4 月	環境庁自然保護局企画調整課自然環境調査室
昭和59年10月	環境庁自然保護局保護管理課
昭和60年 4 月	環境庁自然保護局十和田八幡平国立公園管理事務所
昭和61年 4 月	環境庁自然保護局知床国立公園羅臼管理官事務所
昭和63年 7 月	環境庁自然保護局日光国立公園尾瀬沼管理官事務所
平成 2 年11月	環境庁自然保護局日光国立公園管理事務所主査
平成 5 年 7 月	環境庁自然保護局国立公園課公園計画専門官
平成 7 年 4 月	環境庁自然保護局近畿地区国立公園・野生生物事務所公園保護科長、野生生物科長
平成 9 年 7 月	環境庁自然保護局中部地区国立公園・野生生物事務所公園保護科長、野生生物科長
平成11年 4 月	環境庁自然保護局北関東地区自然保護事務所次長
平成13年 4 月	環境省自然環境局九州地区自然保護事務所次長
平成15年 4 月	環境省自然環境局山陽四国地区自然保護事務所次長
平成17年10月	環境省自然環境局総務課課長補佐
平成17年12月	インドネシア共和国林業省森林保護・自然保全総局生物多様性保全アドバイザー
平成20年12月	環境省自然環境局自然環境計画課課長補佐
平成21年 4 月	環境省環境調査研修所次長
平成24年 8 月	復興庁参事官を併任
平成24年 9 月	環境省自然環境局野生生物課鳥獣保護業務室長（復興庁参事官 併任）
平成26年 7 月	環境省近畿地方環境事務所長
平成30年 7 月	環境省中部地方環境事務所長

環境省近畿地方環境事務所長
Superintendent, Kinki Regional Environment Office

櫻 井 洋 一（さくらい　よういち）

昭和37年6月15日生. 静岡県出身. B型
静岡県立榛原高校, 北海道大学,
北海道大学大学院（修士）

平成元年4月	環境庁入庁
平成15年7月	環境省自然環境局自然環境整備課課長補佐
平成16年4月	環境省中部地区自然保護事務所次長
平成19年4月	環境省釧路自然環境事務所統括自然保護企画官
平成20年7月	環境省自然環境局自然環境計画課課長補佐
平成21年10月	JICA専門家（インドネシア林業省派遣）
平成24年8月	日本下水道事業団経営企画部調査役
平成26年4月	環境省福島環境再生事務所首席調整官
平成27年7月	（公財）地球環境戦略研究機関統括研究プログラムマネージャー
平成29年4月	環境省自然環境局新宿御苑管理事務所長
平成31年4月	環境省中国四国地方環境事務所四国事務所長
令和2年8月	環境省近畿地方環境事務所長

資格　技術士（環境部門）
趣味　登山

環境省中国四国地方環境事務所長
Superintendent, Chugoku-Shikoku Regional Environment Office

上 田 健 二（かみた けんじ）
栃木県出身.
筑波大学附属駒場高校，東京大学工学部

平成 9 年 4 月	環境庁入庁
平成13年 9 月	経済産業省産業技術環境局研究開発課研究開発専門官
平成18年 4 月	環境省近畿地方環境事務所廃棄物・リサイクル対策課長
平成22年 9 月	アメリカ合衆国環境保護庁（US-EPA）客員研究員（人事院行政官短期在外派遣研究員）
平成27年 8 月	環境省中国四国地方環境事務所保全統括官（高松事務所長）
昭和28年 9 月	環境省地球環境局総務課課長補佐（総括）
平成29年 7 月	福島地方環境事務所首席調整官
平成30年 4 月	環境省地球環境局総務課調査官
平成30年 7 月	環境省大臣官房総合政策課環境研究技術室長
令和元年 6 月	環境省中国四国地方環境事務所長

地方環境事務所

環境省九州地方環境事務所長
Superintendent of Kyushu Regional Environment Office

岡　本　光　之（おかもと　みつゆき）

昭和37年生．東京都出身．
都立日比谷高校，北海道大学農学部林学科，
北海道大学大学院農学研究科修士課程中退

昭和60年４月	環境庁入庁（自然保護局企画調整課自然環境調査室）
昭和60年10月	環境庁自然保護局保護管理課
昭和61年４月	環境庁自然保護局大山隠岐国立公園管理事務所
昭和62年４月	環境庁自然保護局中部山岳国立公園立山黒部管理官
平成元年７月	環境庁自然保護局阿蘇くじゅう国立公園管理事務所主査
平成３年４月	環境庁自然保護局施設整備課施設係長
平成５年４月	環境事業団業務部緑地公園課課長代理
平成７年４月	環境庁自然保護局大雪山国立公園統括管理官
平成９年７月	環境庁自然保護局計画課審査官（併）企画調整局環境影響審査室審査官
平成11年４月	環境庁自然保護局企画調整課課長補佐
平成13年１月	環境省自然環境局総務課課長補佐
平成13年４月	福井県保健環境部自然保護課参事
平成14年４月	福井県保健環境部自然保護課課長
平成16年４月	環境省自然環境局総務課課長補佐
平成17年７月	環境省自然環境局山陰地区自然保護事務所長
平成17年10月	環境省中部地方環境事務所長野自然環境事務所長
平成18年７月	環境省自然環境局総務課自然ふれあい推進室長
平成21年７月	環境省総合環境政策局環境経済課環境教育推進室長（併）民間活動支援室長
平成23年６月	併任 内閣府地域主権戦略室参事官（〜平成24年９月）
平成24年４月	環境省自然環境局総務課調査官
平成26年７月	環境省自然環境局国立公園課長
平成29年８月	環境省九州地方環境事務所長

国立研究開発法人　国立環境研究所理事長
National Institute for Environmental Studies, President

渡 辺 知 保 （わたなべ　ちほ）

昭和30年11月 6 日生.
東京大学医学部保健学科,
東京大学大学院医学系研究科修士課程修了,
米国チェスター大学大学院留学,
東京大学大学院医学系研究科博士課程単位取得済退学

平成元年 8 月	東北大学医学部衛生学講座助手
平成 3 年 1 月	保健学博士（東京大学）
平成 9 年12月	東京大学大学院医学系研究科人類生態学助教授
平成10年 6 月	米国ロチェスター大学客員研究員（兼任〜 10.9まで）
平成17年 4 月	東京大学大学院医学系研究科人類生態学教授
平成18年 4 月	東京大学AGS（Alliance for Global Sustainability）推進室教授（兼任：H25.4 〜東京大学国際高等研究所サステイナビリティ学連携研究機構教授に名称変更）
平成22年 8 月	東京大学地球観測データ統融合連携研究機構教授（兼任）
平成27年 4 月	東京大学日本・アジアに関する教育研究ネットワーク機構長（兼任）
平成29年 4 月	国立研究開発法人国立環境研究所理事長

●資　　　料

環境省電話番号

本省

〈設置場所〉	〈直通電話〉
環 境 大 臣	03-3580-0241
環 境 副 大 臣	03-3580-0242、3361
環 境 大 臣 政 務 官	03-3581-4912、3362
環 境 事 務 次 官	03-3580-0243
地 球 環 境 審 議 官	03-3593-3071
顧 問	03-5521-8359
秘 書 官	03-3580-0241
秘 書 官 事 務 取 扱	03-3580-0241
秘書事務取扱(副大臣)	03-3580-0242、3361
秘書事務取扱(大臣政務官)	03-3581-4912、3362

〔大 臣 官 房〕

大 臣 官 房 長	03-3580-0244
サイバーセキュリティ・情報化審議官	
大 臣 官 房 審 議 官	03-3581-4914
大 臣 官 房 審 議 官	03-3581-4916
大 臣 官 房 審 議 官	03-5521-8710
大 臣 官 房 審 議 官	03-5521-9017
大 臣 官 房 審 議 官	03-3581-4915
大 臣 官 房 審 議 官	03-3581-2168
大 臣 官 房 秘 書 課	03-6457-9498
大臣官房秘書課地方環境室	03-5521-9266
大 臣 官 房 総 務 課	03-5521-8210
大臣官房総務課広報室	03-5521-8213
大 臣 官 房 会 計 課	03-3580-1377

総合環境政策統括官グループ

総 合 環 境 政 策 統 括 官	03-3580-1701
総 合 政 策 課	03-5521-8224
政 策 評 価 室	03-5521-8326
環 境 研 究 技 術 室	03-5521-8238
環 境 計 画 課	03-5521-8233
環 境 経 済 課	03-5521-8230
環 境 教 育 推 進 室	03-5521-8231
環 境 影 響 評 価 課	03-5521-8236

資

料

環 境 影 響 審 査 室	03−5521−8237
環 境 保 健 部	
環 境 保 健 部	03−3580−9706
環 境 保 健 企 画 管 理 課	03−5521−8250
調 査 官	03−5521−8252
保 健 業 務 室	03−5521−8256
特 殊 疾 病 対 策 室	03−5521−8257
石 綿 健 康 被 害 対 策 室	03−5521−6551
化 学 物 質 審 査 室	03−5521−8253
公 害 補 償 審 査 室	03−5521−8264
環 境 安 全 課	03−5521−8261
環 境 リ ス ク 評 価 室	03−5521−8263
参 事 官	03−5521−9248
〔環境再生・資源循環局〕	
総 務 課	03−5501−3152
循 環 型 社 会 推 進 室	03−5521−8336
リ サ イ ク ル 推 進 室	03−5501−3153
廃 棄 物 適 正 処 理 推 進 課	03−5501−3154
浄 化 槽 推 進 室	03−5501−3155
放射性物質汚染廃棄物対策室	03−5521−8349
廃 棄 物 規 制 課	03−5501−3156
特定廃棄物対策担当参事官室	03−6457−9098
環境再生事業担当参事官室	03−5521−9269
不法投棄原状回復事業対策室	03−6205−4798
災 害 廃 棄 物 対 策 室	03−5521−8358
除 染 業 務 室	03−5521−9269
環境再生事業担当参事官室	03−5521−9269
ポリ塩化ビフェニル廃棄物処理推進室	03−6457−9096
放射性物質汚染廃棄物対策室	03−5521−8349
〔 地 球 環 境 局 〕	
地 球 環 境 局	03−3593−0489
総 務 課	03−5521−8241
脱 炭 素 社 会 移 行 推 進 室	03−5521−8244
脱炭素化イノベーション研究調査室	03−5521−8247
気 候 変 動 適 応 室	03−5521−8242
地 球 温 暖 化 対 策 課	03−5521−8249
地 球 温 暖 化 対 策 事 業 室	03−5521−8355

市 場 メ カ ニ ズ ム 室	03−5521−8354
フ ロ ン 対 策 室	03−5521−8329
脱炭素ライフスタイル推進室	03−5521−8341
国 際 連 携 課	03−5521−8243
国際地球温暖化対策担当参事官	03−5521−8330
国際協力・環境インフラ戦略室	03−5521−8248
〔 **水 ・ 大 気 環 境 局** 〕	
水 ・ 大 気 環 境 局	03−3580−2163
総 務 課	03−5521−8289
環 境 管 理 技 術 室	03−5521−8297
大 気 環 境 課	03−5521−8292
大 気 生 活 環 境 室	03−5521−8299
自 動 車 環 境 対 策 課	03−5521−8302
水 環 境 課	03−5521−8304
閉 鎖 性 海 域 対 策 室	03−5521−8319
海 洋 環 境 室	03−5521−9023
海洋プラスチック汚染対策室	03−5521−8304
土 壌 環 境 課	03−5521−8321
農 薬 環 境 管 理 室	03−5521−8323
地 下 水 ・ 地 盤 環 境 室	03−5521−8309
〔 **自 然 環 境 局** 〕	
総 務 課	03−5521−8266
調 査 官	03−5521−8270
動 物 愛 護 管 理 室	03−5521−8331
自 然 環 境 計 画 課	03−5521−8272
生 物 多 様 性 戦 略 推 進 室	03−5521−8273
生 物 多 様 性 主 流 化 室	03−5521−9108
国 立 公 園 課	03−5521−8277
自 然 環 境 整 備 課	03−5521−8280
野 生 生 物 課	03−5521−8282
鳥 獣 保 護 管 理 室	03−5521−8285
希 少 種 保 全 推 進 室	03−5521−8353
外 来 生 物 対 策 室	03−5521−8344
〔国立公園管理事務所〕	
皇 居 外 苑 管 理 事 務 所	03−3213−0095
京 都 御 苑 管 理 事 務 所	075−211−6348
新 宿 御 苑 管 理 事 務 所	03−3350−0152

資

料

〔 墓 苑 管 理 事 務 所 〕

千鳥ケ淵戦没者墓苑管理事務所 03−3262−2030
生 物 多 様 性 セ ン タ ー 0555−72−6031

外局

原 子 力 規 制 庁 (代)03−3581−3352

地方支分部局

〔 地 方 環 境 事 務 所 〕

北 海 道 地 方 環 境 事 務 所 011−299−1950
東 北 地 方 環 境 事 務 所 022−722−2870
福 島 地 方 環 境 事 務 所 024−573−7330
関 東 地 方 環 境 事 務 所 048−600−0516
中 部 地 方 環 境 事 務 所 052−955−2130
近 畿 地 方 環 境 事 務 所 06−4792−0700
中国四国地方環境事務所 086−223−1577
九 州 地 方 環 境 事 務 所 096−322−2400

施設等機関

環 境 調 査 研 修 所 (代)04−2994−9303
国立水俣病総合研究センター (代)0966−63−3111

国立研究開発法人・独立行政法人

国 立 環 境 研 究 所 029−850−2314
環 境 再 生 保 全 機 構 044−520−9501

環境省住所一覧

名　称　　　　　　　　(住所・TEL)

～本　省～

〒100-8975　東京都千代田区霞が関1-2-2
中央合同庁舎5号館
03(3581)3351（代表）

～外　局～

原子力規制委員会／原子力規制庁

〒106-8450　東京都港区六本木1-9-9
六本木ファーストビル
03(3581)3352

～地方支分部局～

■環境事務所
　北海道地方環境事務所

〒060-0808　北海道札幌市北区北8条西
2丁目
札幌第1合同庁舎3階
011(299)1950

　東北地方環境事務所

〒980-0014　宮城県仙台市青葉区本町3丁目2-23
仙台第2合同庁舎6F
022(722)2870

　福島地方環境事務所

〒960-8031　福島県福島市栄町11-25
AXCビル6階
024(573)7330

　関東地方環境事務所

〒330-9720　埼玉県さいたま市中央区新都心
1番地1
さいたま新都心合同庁舎1号館
6階
048(600)0516

中部地方環境事務所

〒460-0001　愛知県名古屋市中区三の丸2-5-2

052(955)2130

近畿地方環境事務所

〒540-6591　大阪府大阪市中央区大手前1-7-31
大阪マーチャンダイズマート(OMM)ビル8F

06(4792)0700

中国四国地方環境事務所

〒700-0907　岡山県岡山市北区下石井1丁目4番1号
岡山第2合同庁舎11F

086(223)1577

九州地方環境事務所

〒860-0047　熊本県熊本市西区春日2-10-1
熊本地方合同庁舎B棟4階

096(322)2400

～地方機関～

■国民公園管理事務所

皇居外苑管理事務所	〒100-0002	東京都千代田区皇居外苑1-1
	03(3213)0095	
京都御苑管理事務所	〒602-0881	京都府京都市上京区京都御苑3
	075(211)6348	
新宿御苑管理事務所	〒160-0014	東京都新宿区内藤町11番地
	03(3350)0152	

■墓苑管理事務所
千鳥ケ淵戦没者墓苑管理事務所

〒102-0075　東京都千代田区三番町2

03(3262)2030

■生物多様性センター	〒403-0005	山梨県富士吉田市上吉田剣丸尾5597-1
	0555(72)6031	

～施設等機関～

環境調査研修所

〒359-0042　埼玉県所沢市並木 3 - 3
04(2994)9303

国立水俣病総合研究センター

〒867-0008　熊本県水俣市浜4058-18
0966(63)3111

～関連機関等～

国立研究開発法人国立環境研究所

〒305-8506　茨城県つくば市小野川16- 2
029(850)2314

独立行政法人環境再生保全機構

〒212-8554　神奈川県川崎市幸区大宮町
1310番
ミューザ川崎セントラルタワー

044(520)9501

中間貯蔵・環境安全事業株式会社(JESCO)

〒105-0014　東京都港区芝 1 - 7 -17
住友不動産芝ビル3号館3.4.5.7F

03(5765)1911

地球環境パートナーシッププラザ(GEOC)

〒150-0001　東京都渋谷区神宮前 5 -53-70
国連大学ビル 1 F

03(3407)8107

全国地球温暖化防止活動推進センター(JCCCA)

〒102-0074　東京都千代田区九段南 3 - 9 -12
九段ニッカナビル7階

03(6273)7785

公益財団法人地球環境戦略研究機関(IGES)

〒240-0115　神奈川県三浦郡葉山町上山口
2108-11

046(855)3700

資

料

環 境 省 常 設 審 議 会

◆審議会

中 央 環 境 審 議 会 　環境省大臣官房総務課
03（5521）8210　　会長　武内　和彦
公益財団法人地球環境戦略研究機関理事長、東京大学サ
ステイナビリティ学連携研究機構長・特任教授、東京大学
未来ビジョン研究センター特任教授

◆部　会

総 合 政 策 部 会 　部会長　武内　和彦
公益財団法人地球環境戦略研究機関理事長、東京大学サ
ステイナビリティ学連携研究機構長・特任教授、東京大学
未来ビジョン研究センター特任教授

循 環 型 社 会 部 会 　部会長　酒井　伸一
京都大学環境安全保健機構附属環境科学センター長・教授

環 境 保 健 部 会 　部会長　大塚　　直
早稲田大学大学院法務研究科教授

地 球 環 境 部 会 　部会長　三村　信男
茨城大学地球・地域環境共創機構特命教授

大気・騒音振動部会 　部会長　畠山　史郎
（一財）日本環境衛生センターアジア大気汚染研究セン
ター長

水 環 境 部 会 　部会長代理　白石　寛明
国立研究開発法人国立環境研究所名誉研究員

土 壌 農 薬 部 会 　部会長　細見　正明
東京農工大学名誉教授

自 然 環 境 部 会 　部会長　武内　和彦
公益財団法人地球環境戦略研究機関理事長、東京大学サス
テイナビリティ学連携研究機構長・特任教授、東京大学未
来ビジョン研究センター特任教授

動 物 愛 護 部 会 　部会長　新美　育文
明治大学名誉教授

- 特定国内種事業の確認・聴取事項等記載台帳
- 特定有害廃棄物等の再生利用等事業者の認定に係る年次報告
- 特定有害廃棄物等の再生利用等事業者の認定に係る認定証の再交付の申請
- 特定有害廃棄物等の再生利用等事業者の認定に係る認定証の書換えの申請
- 特定有害廃棄物等の再生利用等事業者の認定に係る廃止又は軽微な変更の届出
- 特定有害廃棄物等の再生利用等事業者の認定に係る変更の認定の申請
- 特定有害廃棄物等の再生利用等事業者の認定
- 特定有害廃棄物等の再生利用等目的輸入事業者の認定
- 遺伝資源の取得及び利用に関する報告
- 電子情報処理組織使用廃止届出
- 電子情報処理組織使用変更届出
- 電子情報処理組織使用届
- ファイル記録事項の開示請求
- フロン類算定漏えい量等の報告
- 第一種フロン類再生業者のフロン類の再生量等についての報告
- 第一種フロン類再生業者の廃業等の届出
- 第一種フロン類再生業者の軽微な変更の届出
- 第一種フロン類再生業者の変更の許可の申請
- 第一種フロン類再生業者の許可の更新の申請
- 第一種フロン類再生業者の許可の申請
- 再資源化事業計画の変更申請
- 再資源化事業計画の認定
- 解体自動車の全部再資源化の実施の委託に係る認定の変更
- 解体自動車の全部再資源化の実施の委託に係る認定
- 再資源化の認定の変更
- 再資源化の認定
- 産業廃棄物の広域的処理に係る報告
- 産業廃棄物の広域的処理に係る廃止及び軽微な変更等の届出
- 産業廃棄物の広域的処理に係る変更の認定
- 産業廃棄物の広域的処理に係る認定の申請
- 産業廃棄物の再生利用に係る特例に係る報告

資

料

- 産業廃棄物の再生利用に係る特例に係る休廃止及び軽微な変更等の届出
- 産業廃棄物の再生利用に係る特例の変更の認定申請
- 輸出移動書類に係る届出（法第７条第１項）
- 輸入移動書類に係る届出（法第１２条第１項）
- 特定国内種事業の変更又は廃止の届出
- 特定国内種事業の届出
- 公健法に基づく水俣病の認定申請
- 手数料減免の申請書の提出
- 排出量の届出
- 水道水源特定施設等の設置者たる地位の承継の届出
- 水道水源特定施設の使用廃止の届出
- 水道水源特定施設の設置者の氏名等の変更の届出
- 水道水源特定施設等の構造等の変更の届出
- 特定施設等又は指定地域の指定に係る経過措置としての特定施設等設置者の届出
- 水道水源特定施設又は指定地域の指定に係る経過措置としての水道水源特定施設の設置者の届出
- 特定施設等の設置の届出
- 指定施設設置者たる地位の承継の届出
- 指定施設の使用の廃止の届出
- 氏名等の変更の届出
- 指定施設の構造等の変更の届出
- 経過措置としての指定施設設置者の届出
- 指定施設の設置の届出
- 指定地域における事業場の設置者等に対する汚水等の処理方法等の報告徴収
- 特定事業場（有害物質貯蔵指定事業場）の設置者等に対する特定施設（有害物質貯蔵指定施設）の状況等の報告徴収
- 特定事業場・指定事業場又は貯油事業場等における事故時の状況及び講じた措置の概要の届出
- 汚濁負荷量の測定手法変更の届出
- 汚濁負荷量の測定手法の届出
- 特定施設（有害物質貯蔵指定施設）設置者たる地位の承継の届出
- 特定施設（有害物質貯蔵指定施設）の使用廃止の届出
- 氏名等の変更の届出

・特定施設（有害物質貯蔵指定施設）の構造等の変更の届出
・指定地域の指定に係る経過措置としての特定施設設置者の排出水の汚染状態及び量の届出
・指定地域特定施設又は指定地域の指定に係る経過措置としての指定地域特定施設設置者の届出
・経過措置としての特定施設（有害物質貯蔵指定施設）設置の届出
・特定施設（有害物質貯蔵指定施設）設置の届出
・設備の構造及び地下水採取の状況についての報告の徴収
・地下水の採取の廃止、施設変更等の届出
・地下水採取者たる地位の継承の届出
・地下水採取者の氏名等変更の届出
・経過措置としての地下水採取者の届出
・揚水設備の変更の許可
・地下水の採取の許可
・許可井戸の構造及び使用の状況に関する報告の徴収
・井戸使用の廃止、施設変更の届出
・井戸の使用者の地位の承継の届出
・井戸使用者の氏名変更等の届出
・井戸の変更の許可
・経過措置としての井戸使用の届出
・井戸使用の許可の申請
・井戸使用の許可
・指定支援法人の指定申請
・騒音規制法に基づくフレキシブルディスクによる手続
・騒音規制法に基づく特定建設作業の実施の届出
・騒音規制法に基づく特定施設設置者たる地位の承継の届出
・騒音規制法に基づく特定施設使用全廃の届出
・騒音規制法に基づく氏名等変更の届出
・騒音規制法に基づく騒音防止方法の変更の届出
・騒音規制法に基づく特定施設の数等の変更の提出
・騒音規制法に基づく経過措置としての特定施設使用届出
・騒音規制法に基づく特定施設設置の届出
・振動規制法に基づくフレキシブルディスクによる手続
・振動規制法に基づく特定建設作業の実施の届出
・振動規制法に基づく特定施設設置者たる地位の承継の届出
・振動規制法に基づく特定施設使用全廃の届出

資

料

- 振動規制法に基づく氏名等変更の届出
- 振動規制法に基づく振動防止方法の変更の届出
- 振動規制法に基づく特定施設の数、使用方法等の変更の届出
- 振動規制法に基づく経過措置としての特定施設使用届出
- 振動規制法に基づく特定施設設置の届出
- 大気汚染防止法
- 氏名の変更等の届出（特定粉じん発生施設設置届出者に係る準用規定）
- 承継の届出（一般粉じん発生施設設置者に係る準用規定）
- 氏名の変更等の届出（一般粉じん発生施設設置者に係る準用規定）
- 承継の届出（揮発性有機化合物排出施設設置届出者に係る準用規定）
- 氏名の変更等の届出（揮発性有機化合物排出施設設置届出者に係る準用規定）
- 経過措置（特定粉じん発生施設の設置等の届出関係）
- 経過措置（一般粉じん発生施設の設置等の届出関係）
- 経過措置（揮発性有機化合物排出施設の設置の届出関係）
- 経過措置（ばい煙発生施設の設置の届出関係）
- 特定粉じん排出等作業の実施の届出（緊急時）
- 特定粉じん排出等作業の実施の届出
- 特定粉じん発生施設の変更の届出
- 特定粉じん発生施設の設置等の届出
- 一般粉じん発生施設の変更の届出
- 一般粉じん発生施設の設置等の届出
- 揮発性有機化合物排出施設の構造等の変更の届出
- 揮発性有機化合物排出施設の設置の届出
- ばい煙発生施設設置届出者に係る承継の届出
- ばい煙発生施設設置届出者に係る氏名の変更等の届出
- ばい煙発生施設構造等の変更の届出
- ばい煙発生施設の設置の届出
- 旧免状所有者への免状の交付
- 嗅覚検査の受検申請
- 臭気判定士試験の受験申請
- 臭気判定士免状の書換え
- 臭気判定士免状の再交付
- 臭気判定士免状の更新
- 臭気判定士免状の申請

- ・特定施設の状況等に関する報告
- ・設置者による測定結果の報告
- ・承継の届出
- ・施設使用廃止の届出
- ・氏名の変更の届出
- ・特定施設の構造等の変更の届出
- ・経過措置としての特定施設の設置
- ・特定施設の設置の届出
- ・総量規制地域の指定に関する都道府県知事の環境大臣への申出の申出
- ・事業者による定期の報告
- ・事業者による自動車使用管理計画の提出
- ・自動車運送事業者等による計画の提出、定期の報告
- ・事業者からの計画の提出又は報告に係る事項の環境大臣への通知等
- ・承継の届出
- ・公害防止管理者の代理者の選任及び死亡・解任の届出
- ・公害防止主任管理者の代理者の選任及び死亡・解任の届出
- ・公害防止統括者の代理者の選任及び死亡・解任の届出
- ・公害防止管理者の選任及び死亡・解任の届出
- ・公害防止主任管理者の選任及び死亡・解任の届出
- ・公害防止統括者の選任及び死亡・解任の届出
- ・公害防止管理者等国家試験の受験申請
- ・指定試験機関の事業報告書及び収支決算書の提出
- ・指定試験機関の事業計画及び収支予算の変更の認可申請
- ・指定試験機関の事業計画及び収支予算の認可申請
- ・公害防止管理者等国家試験結果の報告
- ・指定試験機関の試験員の選任又は変更の届出
- ・指定試験機関の役員の選任及び解任の認可申請
- ・指定試験機関の試験事務の休廃止の許可の申請
- ・指定試験機関の試験事務規程の変更認可申請
- ・指定試験機関の試験事務規程の認可申請
- ・指定試験機関の名称等の変更届出
- ・公害防止管理者等国家試験指定機関の指定申請
- ・特定動物の管轄区域外における飼養又は保管の通知
- ・第二種動物取扱業の廃業等の届出
- ・第二種動物取扱業の変更の届出
- ・第二種動物取扱業の届出

- ・犬猫等販売業者の定期報告の届出
- ・販売時における説明及び確認（貸出時における情報提供）実施状況記録
- ・第一種動物取扱業者の標識の掲示
- ・特定動物の飼養又は保管許可証の再交付
- ・特定動物の飼養又は保管の廃止の届出
- ・特定動物の識別措置の実施の届出
- ・特定動物の飼養又は保管の変更の許可
- ・特定動物の飼養又は保管の許可の変更の届出
- ・特定動物の飼養又は保管の許可
- ・第一種動物取扱業の変更の届出
- ・第一種動物取扱業の廃業等の届出
- ・第一種動物取扱業の登録の更新
- ・第一種動物取扱業登録証の再交付
- ・第一種動物取扱業の登録
- ・温泉成分分析の業務の廃止の届出
- ・温泉成分分析機関の登録事項の変更の届出
- ・温泉成分分析を行う者の登録の申請
- ・温泉の利用の許可を受けた者の相続の申請
- ・温泉の利用の許可を受けた者である法人の合併及び分割の承認の申請
- ・温泉の採取の事業の廃止の届出
- ・温泉の採取のための施設等の変更の許可の申請
- ・確認を受けた者の地位の承継の届出
- ・可燃性天然ガスの濃度についての確認の申請
- ・温泉の採取の許可を受けた者の相続の申請
- ・温泉の採取の許可を受けた者である法人の合併及び分割の申請
- ・温泉の採取の許可の申請
- ・工事の完了又は廃止の届出
- ・掘削又は増堀のための施設等の変更の許可の申請
- ・土地掘削の許可、増堀又は動力の装置の許可を受けた者である法人の相続の申請
- ・土地掘削の許可、増堀又は動力の装置の許可を受けた者である法人の合併及び分割の申請
- ・掘削許可、増堀又は動力の装置の許可の有効期間の更新の申請
- ・温泉の成分等の掲示の届出
- ・温泉の利用の許可の申請

- ・増掘又は動力の装置の許可の申請
- ・土地掘削の許可の申請
- ・研究開発に係る第二種使用等拡散防止措置確認申請
- ・産業上の使用等に係る第二種使用等拡散防止措置確認申請（動物）
- ・産業上の使用等に係る第二種使用等拡散防止措置確認申請（微生物）
- ・生物検査業務休止（廃止）許可申請
- ・生物検査業務実施規程変更認可申請
- ・生物検査業務実施規程認可申請
- ・登録検査機関所在地変更届出
- ・登録検査機関登録申請
- ・生物検査依頼
- ・輸入届出
- ・住所等変更届出
- ・第一種使用規程承認申請
- ・国際希少野生動植物種の個体等の登録及び登録票の交付
- ・国際希少野生動植物種の個体等の変更登録
- ・国際希少野生動植物種の個体等に係る登録票の書換交付
- ・適正に入手された原材料に係る製品である旨の認定
- ・国際希少野生動植物種登録票の再交付
- ・登録を受けた個体等の正当な権原に基づく占有者の氏名・住所の変更の届出
- ・国際希少野生動植物種譲受け等届出
- ・捕獲等又は採取等の結果の報告
- ・事業の転換に関する計画の変更の認定
- ・事業の転換に関する計画の認定
- ・登録再生事業者の料金の届出
- ・再生利用事業計画の変更の認定
- ・再生利用事業計画の認定
- ・登録再生利用事業者の登録の更新
- ・登録再生利用事業者の登録事項の変更、廃止の届出
- ・登録再生利用事業者の登録
- ・指定法人の再商品化業務の休廃止の許可
- ・指定法人の事業計画書等の変更の認可
- ・指定法人の事業計画書等の認可
- ・指定法人の再商品化等業務規程の変更の認可
- ・指定法人の再商品化等業務規程の認可

資料

255

・指定法人の指定
・指定引取場所の配置に関する市町村長等による申出
・再商品化等の変更の認定
・再商品化等の認定
・指定法人の名称等の変更の届出
・指定法人の事業報告書等の提出
・業務及び資産の状況に関する報告
・解散の認可
・貸借対照表、損益計算書及び事業報告書の提出
・予算、事業計画及び資金計画の提出
・実施計画又は変更実施計画の提出
・基本計画の軽微な変更の届出
・基本計画の作成又は変更の認可の申請
・設立の認可の申請
・定款の変更の認可の申請
・特定事業活動に関する共同事業計画の変更の承認
・特定事業活動に関する共同事業計画の承認
・特定事業活動に関する計画の変更の承認
・使用済指定再資源化製品の自主回収及び再資源化の変更認定
・使用済指定再資源化製品の自主回収及び再資源化の認定
・廃棄物再生事業者の休廃止の届出
・廃棄物再生事業者の変更の届出
・廃棄物再生事業者の登録
・特別管理産業廃棄物多量排出事業者の減量計画の提出
・計画の実施状況についての報告
・産業廃棄物多量排出事業者の減量計画の提出
・一般廃棄物処理施設の許可施設設置者の相続の届出
・一般廃棄物処理施設の許可施設設置者の合併及び分割の認可
・一般廃棄物処理施設の許可施設設置者の地位の継承の許可
・一般廃棄物の最終処分場の廃止の確認の申請 自治事務
・一般廃棄物の最終処分場の埋立処分終了の届出
・一般廃棄物処理施設の軽微な変更、廃止、休止又は再開の届出
・一般廃棄物処理施設の構造又は規模の変更の許可
・一般廃棄物処理施設の設置許可
・一般廃棄物収集運搬業の廃止届出
・一般廃棄物処分業の廃止届出

・一般廃棄物収集運搬業の変更許可
・一般廃棄物処分業の変更許可
・一般廃棄物処分業の許可
・一般廃棄物収集運搬業の許可
・相続の届出
・合併の認可
・産業廃棄物処理施設の譲り受け又は借り受けの許可
・産業廃棄物の最終処分場の廃止の確認
・産業廃棄物の最終処分場の埋立処分終了の届出
・産業廃棄物処理施設の軽微変更、廃止、休止又は再開の届出
・変更の許可を受けた産業廃棄物処理施設の使用前検査
・産業廃棄物処理施設の変更の許可
・産業廃棄物処理施設の使用前検査
・産業廃棄物処理施設の設置の許可
・特別管理産業廃棄物処分業の変更等の届出（1）事業の廃止（2）氏名、名称、役員、事務所及び事業場の所在地（3）施設、設備
・特別管理産業廃棄物収集運搬業の変更等の届出（1）事業の廃止（2）氏名、名称、役員、事務所及び事業場の所在地（3）施設、設備
・特別管理産業廃棄物処分業の事業範囲の変更の許可
・特別管理産業廃棄物収集運搬業の事業範囲の変更の許可
・特別管理産業廃棄物処分業の許可の更新
・特別管理産業廃棄物処分業の許可
・特別管理産業廃棄物収集運搬業の許可の更新
・特別管理産業廃棄物収集運搬業の許可
・産業廃棄物処分業の変更等の届出（1）事業の廃止（2）氏名、名称、役員、事務所及び事業場の所在地（3）施設、設備
・産業廃棄物収集運搬業の変更等の届出（1）事業の廃止（2）氏名、名称、役員、事務所及び事業場の所在地（3）施設、設備
・産業廃棄物処分業の事業範囲の変更の許可
・産業廃棄物収集運搬業の事業範囲の変更の許可
・産業廃棄物処分業の許可の更新
・産業廃棄物処分業の許可
・産業廃棄物収集運搬業の許可の更新
・産業廃棄物収集運搬業の許可
・産業廃棄物適正処理推進センターの指定

資
料

- ・情報処理センターの指定
- ・浄化槽設備士講習の受講申請
- ・指定検査機関の指定（１都道府県で検査を行うもののみ）
- ・浄化槽管理士講習の受講申請
- ・浄化槽管理士試験の受験申請（指定試験機関が試験事務を行う場合のみ）
- ・浄化槽保守点検業の登録
- ・浄化槽清掃業の廃業等の届出
- ・浄化槽清掃業の変更の届出
- ・浄化槽清掃業の許可申請
- ・浄化槽管理者変更の届出
- ・浄化槽技術管理者変更の届出
- ・浄化槽使用開始の届出
- ・浄化槽設置等の届出
- ・フロン類破壊業者のフロン類の破壊量等についての報告
- ・フロン類破壊業者の廃業等の届出
- ・フロン類破壊業者の軽微な変更の届出
- ・フロン類破壊業者の変更の許可の申請
- ・フロン類破壊業者の許可の更新の申請
- ・フロン類破壊業者の許可の申請
- ・補正評価書等の送付
- ・評価書手続（事業者からの評価書の送付等）
- ・対象事業を廃止等する場合の通知
- ・第二種事業について判定によらず手続を行う旨の通知
- ・準備書手続（事業者からの準備書及び意見の概要の送付等）
- ・方法書手続（事業者からの方法書及び意見の概要の送付等）
- ・対象事業内容を修正する場合の第二種事業に係る届出（一般廃棄物最終処分場）
- ・事業者からの変更後の第二種事業の概要の届出（一般廃棄物最終処分場）
- ・事業者からの第二種事業に係る概要の届出（一般廃棄物最終処分場）
- ・対象事業内容を修正する場合の第二種事業に係る届出（産業廃棄物最終処分場）
- ・事業者からの変更後の第二種事業の概要の届出（産業廃棄物最終処分場）
- ・事業者からの第二種事業に係る概要の届出（産業廃棄物最終処分場）

- アセス実施に際して、技術的な助言を記載した書面の交付を受けたい旨の申出の受理及び当該書面の交付(最終処分場)
- 更なる開示の申出
- 開示の実施の方法等の申出
- 開示請求書の提出
- 管理口座の廃止申請
- 信託の記録の変更申請
- 受託者の変更による算定割当量の振替等
- 信託の記録の抹消申請
- 信託の記録申請
- 割当量口座簿に記録されている事項を証明した書面の交付請求
- 算定割当量の振替申請
- 口座名義人の名称等変更届出
- 管理口座の開設申請
- 国民、民間団体等による協定に係る変更又は廃止の届出
- 国民、民間団体等による協定の届出等
- 協働取組に係る申出
- 体験の機会の場の認定民間団体等の運営状況の報告
- 体験の機会の場の認定の有効期間の更新申請
- 体験の機会の場の認定内容を変更したときまたは提供を行わなくなったときの届出
- 体験の機会の場の認定
- 環境教育等支援団体の指定
- 登録人材認定等事業の廃止
- 登録人材認定等事業の変更
- 登録人材認定等事業の申請
- 海洋施設廃棄軽微変更等届出
- 海洋施設廃棄変更許可申請
- 海洋施設廃棄許可申請
- 廃棄物海洋投入処分軽微変更等届出
- 廃棄物海洋投入処分変更許可申請
- 廃棄物海洋投入処分許可申請
- 特定特殊自動車の技術基準適合の確認証再交付申請
- 特定特殊自動車の技術基準適合の確認申請
- 少数生産特定特殊自動車の記載事項の変更の承認申請
- 少数生産特定特殊自動車の記載事項の変更の届出

資料

- ・少数生産特定特殊自動車の製作等の廃止届出
- ・少数生産特定特殊自動車の特例の失効届出
- ・少数生産特定特殊自動車の報告
- ・少数生産特定特殊自動車の特例承認
- ・型式届出特定特殊自動車の記載事項の変更の届出
- ・特定特殊自動車の型式届出
- ・型式指定特定原動機の変更の承認申請
- ・型式指定特定原動機の製作等を行わなくなった旨の届出
- ・型式指定特定原動機の記載事項の変更の届出
- ・特定原動機の型式指定申請
- ・放出等の実施の届出（報告）
- ・特定外来生物放出等許可の失効届出
- ・特定外来生物放出等許可証亡失届出
- ・特定外来生物の放出等許可に係る住所等の変更又は主たる放出等実施者の住所等の変更届出
- ・放出等許可証の再交付申請書
- ・放出等許可申請書
- ・飼養等許可申請書（セイヨウオオマルハナバチとりまとめ許可の更新）
- ・特定外来生物飼養等許可の失効届出
- ・特定外来生物飼養等許可証亡失届出
- ・特定外来生物飼養等許可証の写しの交付申請
- ・特定外来生物飼養等許可証の再交付申請
- ・特定外来生物飼養等をする数量の増加、減少等の届出（報告）
- ・特定外来生物飼養等許可に係る住所等の変更又は主たる飼養等取扱者の住所等の変更届出
- ・特定外来生物の防除の確認又は認定申請
- ・未判定外来生物の輸入又は本邦への輸出届出
- ・特定外来生物飼養等許可申請
- ・指定支援法人の事業報告書及び収支決算書の提出
- ・指定支援法人の事業計画等の変更認可申請
- ・指定支援法人の事業計画等の認可申請
- ・指定支援法人の名称等の変更届出
- ・指定調査機関の指定の更新申請
- ・指定調査機関の業務廃止届出
- ・指定調査機関の業務規程の変更届出

- ・指定調査機関の業務規程の届出
- ・指定調査機関の変更届出
- ・指定調査機関の指定申請
- ・臭気判定士試験及び嗅覚検査の結果報告
- ・指定機関の指定申請
- ・調書の閲覧
- ・補佐人の同伴許可申請
- ・審理の非公開の申立て
- ・指定物質排出者に対して行う報告徴収
- ・水道水源特定事業場の状況等に関する報告徴収
- ・指定地域における事業場の設置者等に対する汚水等の処理方法等の報告徴収
- ・特定事業場（有害物質貯蔵指定事業場）の設置者等に対する特定施設（有害物質貯蔵指定施設）の状況等の報告徴収
- ・全国地球温暖化防止活動推進センターの環境大臣への事業報告書及び収支決算書の提出
- ・全国地球温暖化防止活動推進センターの環境大臣への事業計画書及び収支予算書の提出
- ・全国地球温暖化防止活動推進センターの施行規則第一条第二項各号に掲げる書類の内容の変更
- ・全国地球温暖化防止活動推進センターの名称等の変更
- ・国民公園及び千鳥ケ淵戦没者墓苑内における行為の許可の申請
- ・集団施設地区内における利用の許可
- ・緊急に保護を要するため捕獲等された生きている個体の譲受け等届出（通知）
- ・監視地区内における行為の届出
- ・管理地区内における非常災害に対する応急措置の届出
- ・立入制限地区内への立入りの許可
- ・管理地区内における既着手行為の届出
- ・管理地区内における行為の許可
- ・国内希少野生動植物種輸出認定書の交付
- ・希少野生動植物種保存推進員による調査ための捕獲等の届出
- ・登録博物館又は博物館相当施設における展示のための希少野生動植物種譲受け等届出・通知
- ・重要文化財等の保存のための行為に伴う希少野生動植物種の個体等の譲受け等の届出

・大学における教育又は学術研究のための希少野生動植物種の個体等の譲受け等の届出・通知
・個体の保護のための移動又は移植を目的とする行為に伴う国内希少野生動植物種の捕獲等の届出
・大学における教育又は学術研究のための国内希少野生動植物種捕獲等の届出・通知
・保護増殖事業の廃止等の届出
・保護増殖事業の認定
・希少野生動植物種の譲渡し等の許可
・国内希少野生動植物種の捕獲等許可書等の再交付
・国内希少野生動植物種の捕獲等従事者証の交付
・特定第一種国内希少野生動植物種の捕獲等許可
・国内希少野生動植物種等の捕獲等許可
・負担金の徴収に伴う意見の聴取
・自然環境保全地域における実地調査の通知及び意見書の提出
・自然環境保全地域における行為の実施状況その他必要な事項についての報告
・自然環境保全地域の指定案に対する意見書の提出
・原生自然環境保全地域における行為の実施状況その他必要な事項についての報告
・自然環境保全地域海中特別地区内における教育又は学術研究として行う行為の届出
・自然環境保全地域野生動植物保護地区内における教育又は学術研究として行う行為の届出
・自然環境保全地域特別地区内における教育又は学術研究として行う行為の届出
・損失補償（自然環境保全法第３３条第５項）
・損失補償（自然環境保全法第３３条第２項）
・自然環境保全地域普通地区内における行為の届出
・自然環境保全地域海中特別地区内における既着手行為の届出
・自然環境保全地域海中特別地区内における非常災害のための応急措置の届出
・自然環境保全地域海中特別地区内における行為の許可申請
・自然環境保全地域野生動植物保護地区内に係る野生植物の捕獲若しくは殺傷、又は採取若しくは損傷の許可申請
・自然環境保全地域特別地区内における既着手行為の届出

- 自然環境保全地域特別地区内における非常災害のための応急措置の届出
- 自然環境保全地域特別地区内における行為の許可申請
- 原生自然環境保全地域立入制限地区への立入の許可申請
- 原生自然環境保全地域内における非常災害のための応急措置の届出
- 原生自然環境保全地域内における行為の許可申請
- 国立公園事業の執行認可の失効の届出
- 国立公園事業の内容の軽微な変更の届出
- 国立公園利用調整地区内への立入りの許可
- 公園管理団体指定事項変更届出
- 公園管理団体指定申請
- 公園管理団体による風景地保護協定締結認可事項変更申請
- 公園管理団体による風景地保護協定締結認可申請
- 事業施設利用者数報告書
- 国立公園事業の休止(廃止)の届出
- 法人の合併(分割)による国立公園事業の承継協議（承認申請）
- 相続による国立公園事業の承継
- 国立公園事業内容の変更の協議（認可申請）
- 実地調査に係る損失補償の請求
- 処分に係る損失補償の請求
- 実地調査に係わる土地所有者の意見書の提出
- 行為の実施状況その他必要な事項についての報告の提出
- 国立公園普通地域内における行為の届出
- 国立公園海域公園地区内における非常災害のための応急措置の届出
- 国立公園海域公園地区内における既着手行為の届出
- 国立公園海域公園地区内における行為の許可
- 国立公園特別保護地区内における非常災害のための応急措置の届出
- 国立公園特別保護地区内における既着手行為の届出
- 国立公園特別保護地区内における行為の許可
- 国立公園特別地域内における植栽又は放牧の届出
- 国立公園特別地域内における非常災害のための応急措置の届出
- 国立公園特別地域内における既着手行為の届出
- 国立公園特別地域内における行為の許可
- 国立公園事業の執行協議（認可申請）
- 国指定鳥獣保護区内行為許可申請
- 輸出用使用禁止猟具販売又は頒布届

資
料

263

・危険猟法許可証の亡失届
・危険猟法許可証の住所等変更届
・危険猟法許可証の再交付申請
・危険猟法許可申請
・適法捕獲等証明書の亡失届
・適法捕獲等証明書の住所等変更届
・適法捕獲証明証の再交付申請
・適法捕獲証明書交付申請書
・指定猟法許可証の亡失届
・指定猟法許可証の住所等変更届
・指定猟法許可証の再交付申請
・指定猟法許可申請
・従事者証の亡失届
・従事者証の住所等変更届
・従事者証交付申請
・鳥獣の捕獲等及び鳥類の卵の採取等の許可証の亡失届
・鳥獣の捕獲等及び鳥類の卵の採取等の許可証の住所等変更届
・鳥獣の捕獲等及び鳥類の卵の採取等の許可証又は従事者証の再交付申請
・鳥獣の捕獲等及び鳥類の卵の採取等の許可申請書
・緊急時行為に係る報告書の届出
・環境大臣より主宰者に求められた報告の届出
・行為者証の再発行申請
・行為者証の交付申請
・南極地域活動の行為者たる法人の名称等の届出
・南極地域活動行為者の氏名変更届出
・確認申請をした時に第6条第1項第4号又は第7号に規定する氏名が確定していなかった場合の南極地域活動行為者の氏名の届出
・確認を受けた南極地域活動に係る主宰者の地位の引継ぎ又は承継の届出
・南極地域活動計画の確認申請者の地位承継の届出
・南極地域活動計画の確認申請者の地位引継ぎの届出
・南極地域活動計画の確認の申請
・議定書の締約国たる外国で確認相当の手続を行った者が行う南極地域活動計画の届出
・ファイル記録事項の開示請求

- ・対応化学物質分類名の維持請求
- ・対応化学物質分類名への変更請求
- ・特定事業者の特定容器包装を用いる事業の状況等に関する報告
- ・指定法人の再商品化業務に関する報告
- ・指定法人の再商品化業務の休廃止の許可
- ・指定法人の事業報告書等の提出
- ・指定法人の事業計画書等の変更の認可
- ・指定法人の事業計画書等の認可
- ・指定法人の再商品化業務規程の変更の認可
- ・指定法人の再商品化業務規程の認可
- ・指定法人の業務の委託の認可
- ・指定法人の名称等の変更の届出
- ・指定法人の指定
- ・自主回収の認定
- ・再商品化等の変更の認定
- ・再商品化等の認定
- ・輸入移動書類に係る届出（法第１２条第２項）
- ・事業報告書及び収支決算書の提出
- ・事業計画書及び収支予算書の変更の認可
- ・事業計画書及び収支予算書の認可
- ・債務保証業務の金融機関への委託の認可
- ・名称及び住所並びに事務所の所在地の変更の届出
- ・浄化槽管理士講習の指定講習機関の講習実施結果の報告
- ・浄化槽管理士講習の指定講習機関の指定の申請
- ・浄化槽管理士講習の指定講習機関の講習業務の休廃止の許可申請
- ・浄化槽管理士試験の指定試験機関の試験事務の休廃止の許可申請
- ・浄化槽管理士試験の指定試験機関の試験事務の実施結果報告
- ・浄化槽管理士試験の指定試験機関の受験停止処分の報告
- ・浄化槽管理士講習の指定講習機関の講習業務規程の変更認可申請
- ・浄化槽管理士講習の指定講習機関の講習業務規程の認可申請
- ・浄化槽管理士試験の指定試験機関の試験事務規程の変更認可申請
- ・浄化槽管理士試験の指定試験機関の試験事務規程の認可申請
- ・浄化槽管理士講習の指定講習機関の事業計画等の変更認可申請
- ・浄化槽管理士講習の指定講習機関の事業計画等の認可申請
- ・浄化槽管理士試験の指定試験機関の事業計画等の変更認可申請
- ・浄化槽管理士試験の指定試験機関の事業計画等の認可申請

資料

- 浄化槽管理士試験の指定試験機関の役員の選任等の認可申請
- 浄化槽管理士講習の指定講習機関の事務所の新設又は廃止の届出
- 浄化槽管理士講習の指定講習機関の名称の変更等の届出
- 浄化槽管理士試験の指定試験機関の事務所の新設又は廃止の届出
- 浄化槽管理士試験の指定試験機関の名称の変更等の届出
- 浄化槽管理士試験の指定試験機関の指定の申請
- 浄化槽管理士免状の書換交付
- 浄化槽管理士免状の再交付
- 浄化槽管理士免状の交付
- 浄化槽管理士講習の指定講習機関の事業報告書等の提出
- 浄化槽管理士試験の指定試験機関の試験委員の選任等の届出
- 浄化槽管理士試験の指定試験機関の事業報告書等の提出
- 一般廃棄物の広域的処理に係る変更の認定
- 一般廃棄物の広域的処理に係る認定の申請
- 一般廃棄物の広域的処理に係る廃止及び軽微な変更等の届出
- 一般廃棄物の広域的処理に係る報告
- 産業廃棄物再生利用認定申請
- 廃棄物処理センターの名称、住所又は事務所の所在地の変更の届出
- 廃棄物処理センターの指定
- 産業廃棄物の輸出の確認又は届出
- 廃棄物の輸入の許可又は届出
- 事業報告書及び収支決算書の提出
- 事業計画書及び収支予算書の変更の認可
- 事業計画書及び収支予算書の認可
- 業務の休廃止の許可
- 事業報告書及び収支決算書の提出
- 事業計画書及び収支予算書の変更の認可
- 事業計画書及び収支予算書の認可
- 業務規程の変更の認可
- 一般廃棄物の輸出の確認
- 一般廃棄物の再生利用に係る特例に係る報告
- 一般廃棄物の再生利用に係る特例に係る休廃止及び軽微な変更等の届出
- 一般廃棄物の再生利用に係る特例の変更の認定申請
- 一般廃棄物の再生利用に係る特例の認定申請
- 特定公益信託の認定の申請（租税特別措置法に基づくもの）

・特定公益信託の証明の申請（租税特別措置法に基づくもの）
・特定公益信託の認定の申請（所得税法又は法人税法に基づくもの）
・特定公益信託の証明の申請（所得税法又は法人税法に基づくもの）
・公益信託の終了の報告
・公益信託の受託者の氏名等の変更の届出
・公益信託の事業状況報告書等の提出
・公益信託の事業計画書及び収支予算書の変更の届出
・公益信託の事業計画書及び収支予算書の届出
・公益信託の財産移転の報告
・公益信託の信託管理人の選任の請求の申請
・公益信託の新受託者の選任の請求の申請
・公益信託の受託者の解任の請求の申請
・公益信託の信託条項の変更の許可の申請
・公益信託の受託者の信託財産の取得の許可の申請
・公益信託の受託者の辞任の許可の申請
・公益信託の引受の許可の申請

資

料

環境省歴代大臣・幹部一覧

〔大　臣〕

氏　　名	発令年月日
川　口　順　子	平13. 1. 6
大　木　　　浩	14. 2. 8
鈴　木　俊　一	14. 9.30
小　池　百合子	15. 9.22
若　林　正　俊	18. 9.26
鴨　下　一　郎	19. 8.27
斉　藤　鉄　夫	20. 8. 2
小　沢　鋭　仁	21. 9.16
松　本　　　龍	22. 9.17
江　田　五　月	23. 6.27
細　野　豪　志	23. 9. 2
長　浜　博　行	24.10. 1
石　原　伸　晃	24.12.26
望　月　義　夫	26. 9. 3
丸　川　珠　代	27.10. 7
山　本　公　一	28. 8. 3
中　川　雅　治	29. 8. 3
原　田　義　昭	30.10. 2
小　泉　進次郎	元. 9.11

〔事務次官〕

太　田　義　武	13. 1. 6
中　川　雅　治	14. 1. 8
炭　谷　　　茂	15. 7. 1
田　村　義　雄	18. 9. 5
西　尾　哲　茂	20. 7.22
小　林　　　光	21. 7.14
南　川　秀　樹	23. 1. 7
谷　津　龍太郎	25. 7. 2
鈴　木　正　規	26. 7. 8
関　　　荘一郎	27. 8. 1
小　林　正　明	28. 6.17
森　本　英　香	29. 7.14

鎌　形　浩　史	元. 7. 9
中　井　徳太郎	2. 7.21

〔地球環境審議官〕

浜　中　裕　徳	13. 7. 1
松　本　省　藏	16. 7. 1
小　島　敏　郎	17. 7.20
竹　本　和　彦	20. 7.22
南　川　秀　樹	18. 7.22
寺　田　達　志	23. 1. 7
谷　津　龍太郎	24. 9. 7
白　石　順　一	25. 7. 2
関　　　壮一郎	26. 7. 8
小　林　正　明	27. 8. 1
梶　原　成　元	28. 6.17
髙　橋　康　夫	29. 7.14
森　下　　　哲	元. 7. 9
近　藤　智　洋	2. 7.21

〔大臣官房長〕

炭　谷　　　茂	13. 1. 6
松　本　省　藏	13. 7. 1
田　村　義　男	15. 7. 1
西　尾　哲　茂	16. 7. 1
小　林　　　光	18. 9. 5
南　川　秀　樹	20. 7.22
谷　津　龍太郎	22. 7.10
鈴　木　正　規	24. 9. 7
森　本　英　香	26. 7. 8
鎌　形　浩　史	29. 7.14
正　田　　　寛	元. 7. 9

〔総合環境政策局長〕

中　川　雅　治	13. 1. 6
炭　谷　　　茂	14. 1. 8

松 本 省 藏	15. 7. 1
田 村 義 雄	16. 7. 1
西 尾 哲 茂	18. 9. 5
小 林 　 光	20. 7.22
白 石 順 一	21. 7.14
清 水 康 弘	25. 7. 2
小 林 正 明	平26. 7.11
三 好 信 俊	27. 8. 1
奥 主 喜 美	28. 6.17
	〈廃止〉

〔地球環境局長〕

浜 中 裕 徳	13. 1. 6
炭 谷 　 茂	13. 7. 1
岡 澤 和 好	14. 1. 8
小 島 敏 郎	15. 7. 1
小 林 　 光	17. 7.20
南 川 秀 樹	18. 9. 5
寺 田 達 志	20. 7.22
鈴 木 正 規	23. 1. 7
関 　 荘一郎	24. 9. 7
梶 本 成 元	26. 7.11
鎌 形 浩 史	28. 6.17
森 下 　 哲	29. 7.14
近 藤 智 洋	元. 7. 9
小 野 　 洋	2. 7.21

〔環境管理局長〕

松 本 省 藏	13. 1. 6
西 尾 哲 茂	13. 7. 1
小 林 　 光	16. 7. 1
竹 本 和 彦	17. 7.20
	〈廃止〉

〔水・大気環境局長〕

竹 本 和 彦	17.10. 1

白 石 順 一	20. 7.22
鷺 坂 長 美	21. 7.14
小 林 正 明	24. 8.10
三 好 信 俊	26. 7.11
髙 橋 康 夫	27. 8. 1
早 水 輝 好	29. 7.14
田 中 聡 志	30. 7.13
小 野 　 洋	元. 7. 9
山 本 昌 宏	2. 7.21

〔自然環境局長〕

西 尾 哲 茂	13. 1. 6
小 林 　 光	13. 7. 1
岩 尾 總一郎	14. 7.30
小野寺 　 浩	15. 7. 1
南 川 秀 樹	17. 7.20
冨 岡 　 悟	18. 9. 5
桜 井 康 好	19. 7.10
黒 田 大三郎	20. 7.22
鈴 木 正 規	21. 7.14
渡 邉 綱 男	23. 1. 7
伊 藤 哲 夫	24. 8.10
星 野 一 昭	25. 7. 2
塚 本 瑞 天	26. 7.11
奥 主 喜 美	27. 8. 1
亀 澤 玲 治	28. 6.17
正 田 　 寛	30. 7.13
鳥 居 敏 男	元. 7. 9

〔環境再生・資源循環局長〕

縄 田 　 正	29. 7.14
山 本 昌 宏	30. 7.13
森 山 誠 二	2. 7.21

資料

出身都道府県別幹部一覧

北海道

太 田 志津子
　大臣官房環境保健部環境安全課長

和 田 篤 也
　総合環境政策統括官（併）環境調査研
　修所長

行 木 美 弥
　水・大気環境局水環境課閉鎖性海域対
　策室長

中 野 哲 哉
　環境再生・資源循環局企画官（併）除
　染業務室長

大 島 俊 之
　原子力規制庁原子力規制部安全規制管
　理官（研究炉等審査担当）

宮城県

加 藤 　 聖
　地球環境局地球温暖化対策課地球温暖
　化対策事業室長

秋田県

寺 沢 直 樹
　地球環境局地球温暖化対策課事業監理
　官

福島県

齋 藤 真 知
　大臣官房会計課庁舎管理室長

茨城県

更 田 豊 志
　原子力規制委員会委員長

栃木県

関 谷 毅 史
　地球環境局総務課長

荻 野 　 徹
　原子力規制庁長官

上 田 健 二
　中国四国地方環境事務所長

埼玉県

佐 藤 邦 雄
　大臣官房秘書課地方環境室長

近 藤 亮 太
　大臣官房総務課広報室長

千葉県

杉 本 留 三
　地球環境局国際連携課国際協力・環境
　インフラ戦略室長

三 村 起 一
　自然環境局自然環境計画課自然環境情
　報分析官

東京都

手 塚 英 明
　大臣官房環境保健部環境保健企画管理
　課公害補償審査室長

三 橋 英 夫
　大臣官房環境計画課地域循環共生圏推
　進室長

堀 上 　 勝
　大臣官房環境影響評価課長

小 森 　 繁
　水・大気環境局総務課長（併）自動車
　環境対策課長

長 坂 雄 一
　水・大気環境局大気環境課長

筒 井 誠 二
　水・大気環境局水環境課長

奥 山 祐 矢
　自然環境局総務課長

宇賀神 知 則
　自然環境局総務課国民公園室長（併）
　新宿御苑管理事務所長

熊 倉 基 之
　自然環境局国立公園課長

中尾　豊
環境再生・資源循環局総務課長

高畑　康之
原子力規制庁長官官房会計部門上席会計監査官

遠山　眞
原子力規制庁長官官房技術基盤課長

高山　研
原子力規制庁長官官房放射線防護企画課企画官（被ばく医療担当）

安田直人
北海道地方環境事務所長

秀田智彦
中部地方環境事務所長

岡本光之
九州地方環境事務所長

神奈川県

松本行央
大臣官房総務課国会連絡室長

鈴木章記
大臣官房環境保健部放射線健康管理担当参事官

永島徹也
大臣官房総合政策課長

岡﨑雄太
大臣官房総合政策課企画評価・政策プロモーション室長

平澤崇裕
水・大気環境局総務課調査官（併）環境管理技術室長

山本郷史
水・大気環境局大気環境課大気生活環境室長

須藤伸一
自然環境局皇居外苑管理事務所長

石渡　明
原子力規制委員会委員

金子修一
原子力規制庁長官官房審議官

市村知也
原子力規制庁原子力規制部長

岩田順一
原子力規制庁原子力規制部実用炉審査部門安全管理調査官（審査担当）

西山理行
環境調査研修所次長

富山県

柳田貴広
大臣官房環境保健部環境保健企画管理課化学物質審査室長

西村正美
原子力規制庁長官官房総務課地域原子力規制総括調整官（福井担当）

石川県

角倉一郎
大臣官房秘書課長

新田　晃
水・大気環境局土壌環境課長（併）地下水・地盤環境室長

前川之則
原子力規制庁長官官房総務課地域原子力規制総括調整官（青森担当）

室石泰弘
福島地方環境事務所長

福井県

高橋一彰
地球環境局総務課気候変動適応室長

長野県

川越久史
自然環境局野生生物課鳥獣保護管理室長

岐阜県

中野圭一
自然環境局京都御苑管理事務所長

静岡県

杉井威夫
大臣官房総務課環境情報室長

櫻 井 洋 一
　　近畿地方環境事務所長

愛知県

近 藤 智 洋
　　地球環境審議官

瀬 川 恵 子
　　大臣官房審議官

木 野 修 宏
　　大臣官房環境影響評価課環境影響審査
　　室長

小笠原　　靖
　　地球環境局地球温暖化対策課長

山 下 　 信
　　水・大気環境局水環境課海洋環境室長

中 島 慶 次
　　水・大気環境局水環境課海洋プラス
　　チック汚染対策室長

中 尾 文 子
　　自然環境局野生生物課長

三重県

黒 川 陽一郎
　　原子力規制庁長官官房政策立案参事官

滋賀県

大 森 恵 子
　　大臣官房審議官

児 嶋 洋 平
　　原子力規制庁長官官房総務課長

京都府

中 島 恵 理
　　地球環境局総務課脱炭素化イノベー
　　ション研究調査室長

大 井 通 博
　　地球環境局国際連携課長

竹 本 　 亮
　　原子力規制庁原子力規制部検査監督総
　　括課企画調整官

大阪府

羽 石 洋 平
　　水・大気環境局土壌環境課農薬環境管
　　理室長

鳥 居 敏 男
　　自然環境局長

北 橋 義 明
　　自然環境局野生生物課外来生物対策室
　　長

片 山 　 啓
　　原子力規制庁次長（兼）原子力安全人
　　材育成センター所長

山 形 浩 史
　　原子力規制庁長官官房緊急事態対策監

香 具 輝 男
　　原子力規制庁長官官房総務課法令審査
　　室企画調整官

吉 川 元 浩
　　原子力規制庁長官官房放射線防護グ
　　ループ核セキュリティ部門安全規制管
　　理官（核セキュリティ部門）事務代理

古金谷 敏 之
　　原子力規制庁原子力規制部検査監督総
　　括課長（兼）長官官房緊急事案対策室
　　長

兵庫県

吉 住 奈緒子
　　大臣官房環境保健部環境保健企画管理
　　課石綿健康被害対策室長

山 本 昌 宏
　　水・大気環境局長

番 匠 克 二
　　自然環境局総務課調査官

中 島 尚 子
　　自然環境局国立公園課国立公園利用推
　　進室長

山 中 伸 介
　　原子力規制委員会委員

山 田 知 穂
　　原子力規制庁長官官房核物質・放射線
　　総括審議官

大 村 哲 臣
原子力規制庁長官官房審議官

鳥取県

松 本 英 昭
自然環境局生物多様性センター長

岡山県

辻 原 　 浩
地球環境局国際連携課国際地球温暖化
対策担当参事官

植 田 明 浩
自然環境局自然環境計画課長

森 山 誠 二
環境再生・資源循環局長

奥 　 博 貴
原子力規制庁長官官房人事課企画調査
官

田 口 達 也
原子力規制庁原子力規制部安全規制管
理官（実用炉審査担当）

広島県

正 田 　 寛
大臣官房長

上 田 康 治
大臣官房政策立案総括審議官（併）公
文書監理官

森 下 　 泰
原子力規制庁原子力規制部原子力規制
企画課長

山口県

田 原 克 志
大臣官房環境保健部長

冨 田 秀 俊
原子力規制庁長官官房人事課企画官
（服務・人事制度・厚生企画担当）

杉 本 孝 信
原子力規制庁原子力規制部安全規制管
理官（専門検査担当）

香川県

平 尾 禎 秀
環境再生・資源循環局総務課リサイク
ル推進室長（併）循環型社会推進室長

則 久 雅 司
環境再生・資源循環局参事官

田 中 　 桜
原子力規制庁長官官房放射線防護企画
課企画官（企画調査担当）

福岡県

森 光 敬 子
大臣官房審議官 兼 環境調査研修所国
立水俣病総合研究センター所長

田 中 良 典
大臣官房環境保健部環境保健企画管理
課長

尾 川 　 毅
環境再生・資源循環局総務課循環指標
情報分析官

佐 藤 　 曉
原子力規制庁長官官房審議官（併）内
閣府大臣官房審議官(原子力防災担当)

長崎県

河 村 玲 央
自然環境局自然環境計画課生物多様性
主流化室長

大分県

曽 宮 和 夫
大臣官房総合政策課環境研究技術室長

宮崎県

黒 川 ひとみ
大臣官房会計課監査指導室長

沖縄県

金 城 慎 司
原子力規制庁長官官房人事課長

環 境 省 組 織 概 要

環 境 省

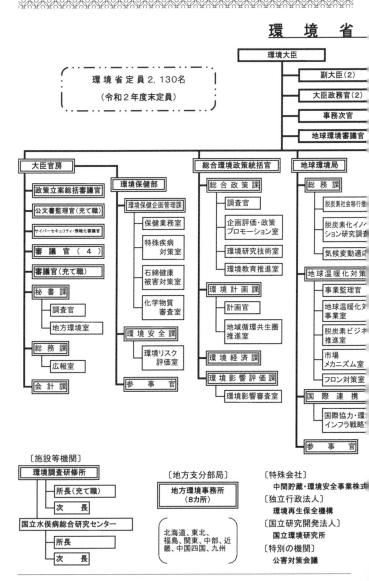

環境大臣
- 副大臣(2)
- 大臣政務官(2)
- 事務次官
- 地球環境審議官

環境省定員 2,130名
（令和2年度末定員）

大臣官房
- 政策立案総括審議官
- 公文書監理官（充て職）
- サイバーセキュリティ・情報化審議官
- 審 議 官 （ 4 ）
- 審 議 官（充て職）
- 秘 書 課
  - 調査官
  - 地方環境室
- 総 務 課
  - 広報室
- 会 計 課

環境保健部
- 環境保健企画管理課
  - 保健業務室
  - 特殊疾病対策室
  - 石綿健康被害対策室
  - 化学物質審査室
- 環 境 安 全 課
  - 環境リスク評価室
- 参 事 官

総合環境政策統括官
- 総 合 政 策 課
  - 調査官
  - 企画評価・政策プロモーション室
  - 環境研究技術室
  - 環境教育推進室
- 環 境 計 画 課
  - 計画官
  - 地域循環共生圏推進室
- 環 境 経 済 課
- 環 境 影 響 評 価 課
  - 環境影響審査室

地球環境局
- 総 務 課
  - 脱炭素社会移行推
  - 脱炭素化イノベーション研究調査
  - 気候変動適応
- 地球温暖化対策
  - 事業監理官
  - 地球温暖化対事業室
  - 脱炭素ビジネ推進室
  - 市場メカニズム室
  - フロン対策室
- 国 際 連 携
  - 国際協力・環インフラ戦略
- 参 事 官

〔施設等機関〕
環境調査研修所
- 所長（充て職）
- 次 長

国立水俣病総合研究センター
- 所長
- 次 長

〔地方支分部局〕
地方環境事務所
（8カ所）

北海道、東北、福島、関東、中部、近畿、中国四国、九州

〔特殊会社〕
中間貯蔵・環境安全事業株式

〔独立行政法人〕
環境再生保全機構

〔国立研究開発法人〕
国立環境研究所

〔特別の機関〕
公害対策会議

図 （令和２年度）

資

料

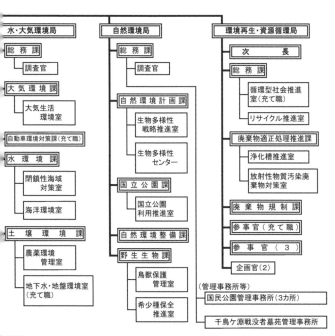

水・大気環境局	自然環境局	環境再生・資源循環局
総務課	総務課	次長
└調査官	└調査官	総務課
大気環境課		├循環型社会推進室（充て職）
└大気生活環境室	自然環境計画課	└リサイクル推進室
自動車環境対策課（充て職）	├生物多様性戦略推進室	廃棄物適正処理推進課
水環境課	└生物多様性センター	├浄化槽推進室
├閉鎖性海域対策室	国立公園課	└放射性物質汚染廃棄物対策室
└海洋環境室	└国立公園利用推進室	廃棄物規制課
土壌環境課	自然環境整備課	参事官（充て職）
├農薬環境管理室	野生生物課	参事官（3）
└地下水・地盤環境室（充て職）	├鳥獣保護管理室	企画官（2）
	└希少種保全推進室	（管理事務所等）
		国民公園管理事務所（3カ所）
		千鳥ケ淵戦没者墓苑管理事務所

〔審議会等〕

├環境審議会

├健康被害補償不服審査会

├水俣病認定審査会

├海・八代海等総合調査評価委員会

├省国立研究開発法人審議会

■組織概要

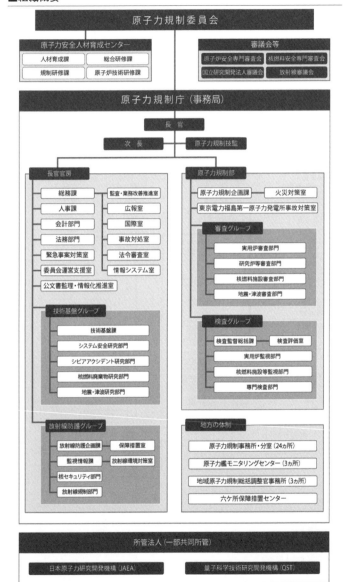

原子力規制委員会

原子力安全人材育成センター
- 人材育成課
- 総合研修課
- 規制研修課
- 原子炉技術研修課

審議会等
- 原子炉安全専門審査会
- 核燃料安全専門審査会
- 国立研究開発法人審議会
- 放射線審議会

原子力規制庁（事務局）

長官

次長　　原子力規制技監

長官官房
- 総務課 ── 監査・業務改善推進室
- 人事課 ── 広報室
- 会計部門 ── 国際室
- 法務部門 ── 事故対処室
- 緊急事案対策室 ── 法令審査室
- 委員会運営支援室 ── 情報システム室
- 公文書監理・情報化推進室

技術基盤グループ
- 技術基盤課
- システム安全研究部門
- シビアアクシデント研究部門
- 核燃料廃棄物研究部門
- 地震・津波研究部門

放射線防護グループ
- 放射線防護企画課 ── 保障措置室
- 監視情報課 ── 放射線環境対策室
- 核セキュリティ部門
- 放射線規制部門

原子力規制部
- 原子力規制企画課 ── 火災対策室
- 東京電力福島第一原子力発電所事故対策室

審査グループ
- 実用炉審査部門
- 研究炉等審査部門
- 核燃料施設等審査部門
- 地震・津波審査部門

検査グループ
- 検査監督総括課 ── 検査評価室
- 実用炉監視部門
- 核燃料施設等監視部門
- 専門検査部門

地方の体制
- 原子力規制事務所・分室（24ヵ所）
- 原子力艦モニタリングセンター（3ヵ所）
- 地域原子力規制総括調整官事務所（3ヵ所）
- 六ケ所保障措置センター

所管法人（一部共同所管）
- 日本原子力研究開発機構（JAEA）
- 量子科学技術研究開発機構（QST）

人　名　索　引

人
名
索
引

環境省名鑑－2021年版

令和 2 年12月15日 初版発行　　定価(本体3,300円＋税)

編 著 者	米 盛 康 正
発 行 所	株式会社 時 評 社

郵 便 番 号　　　　100-0013
東京都千代田区霞が関 3 － 4 － 2
商工会館・弁理士会館ビル 6 F
電　話　(03) 3 5 8 0 － 6 6 3 3
振 替 口 座 00100-2-23116

Ⓒ時評社 2020

印刷・製本 株式会社 太平印刷社　　落丁・乱丁本はお取り換えいたします

ISBN978-4-88339-280-3 C2300 ¥3300E

※本名鑑の一部または全部の複写・複製・転訳載・抄録・抜粋・磁気媒体・光ディスクへの入力等を一切禁じます。これらについては☎03-3580-6633まで必ずご照会ください。